本成果系以下科研项目的中期成果之一：

1. 欧阳康教授主持的国家教育部重大课题攻关项目“推进国家治理体系和治理能力现代化若干重大问题研究（教社科司函（2014）177 号）”。

2. 欧阳康教授主持的国家社科规划办重大委托项目“十八大以来党中央治国理政新理念新思想新战略的哲学基础（16ZZD046）”。

3. 欧阳康教授主持的教育部社科司 2017 年“习近平总书记治国理政新理念新思想新战略研究专项任务（17JFZX024）”。

4. 欧阳康教授主持的华中科技大学自主创新研究基金项目“绿色发展绩效评估与国家治理现代化研究（2017WKZDJC017）”。

5. 赵泽林副教授主持的中国博士后科学基金“基于大数据的国家治理及其政府决策支持系统研究（2015M572162）”。

6. 赵泽林副教授主持的中国博士后科学基金第九批特别资助“我国绿色 GDP 绩效评估研究（2016T90698）”。

中国绿色GDP绩效评估研究丛书

华中科技大学国家治理研究院
主编 欧阳康　副主编 赵泽林

中国绿色GDP绩效评估报告

（2016年湖北卷）

欧阳康 赵泽林 刘启航

华中科技大学国家治理研究院
绿色GDP绩效评估研究课题组

中国社会科学出版社

图书在版编目（CIP）数据

中国绿色 GDP 绩效评估报告．2016 年．湖北卷/欧阳康，赵泽林，刘启航著．—北京：中国社会科学出版社，2017．12

（中国绿色 GDP 绩效评估研究丛书）

ISBN 978－7－5203－2252－2

Ⅰ．①中…　Ⅱ．①欧…②赵…③刘…　Ⅲ．①国内生产总值—国民经济核算—研究报告—湖北—2016　Ⅳ．①F222．33

中国版本图书馆 CIP 数据核字（2018）第 055712 号

出 版 人　赵剑英
责任编辑　喻　苗
责任校对　胡新芳
责任印制　王　超

出　　版　中国社会科学出版社
社　　址　北京鼓楼西大街甲 158 号
邮　　编　100720
网　　址　http://www.csspw.cn
发 行 部　010－84083685
门 市 部　010－84029450
经　　销　新华书店及其他书店

印刷装订　北京君升印刷有限公司
版　　次　2017 年 12 月第 1 版
印　　次　2017 年 12 月第 1 次印刷

开　　本　880×1230　1/16
印　　张　8．75
插　　页　2
字　　数　106 千字
定　　价　49．00 元

凡购买中国社会科学出版社图书，如有质量问题请与本社营销中心联系调换
电话：010－84083683
版权所有　侵权必究

【课题组组长、首席专家】

欧阳康教授、博士生导师，华中科技大学国家治理研究院院长，哲学研究所所长，《华中科技大学学报（社会科学版）》主编，国家大学生文化素质教育基地主任，“华中学者领军岗”教授，哲学系教授，博士生导师。

华中科技大学原党委副书记，兼国务院学位委员会马克思主义学科评议组成员，国家社会科学基金评审专家，教育部社会科学委员会委员，教育部学风建设委员会副主任，教育部高校文化素质教育指导委员会秘书长，中共湖北省委决策支持顾问，湖北省政协委员，湖北省欧美同学会副会长，国际哲学家协会常务理事，亚太地区学生事务协会主席等。

主要从事哲学、人学、文化学、高等教育学等研究。主要著作有《社会认识论导论》《哲学研究方法论》《欧阳康自选集》《对话与反思：当代英美哲学、文化及其他》《大学·文化·人生》《马克思主义认识论研究》，主编有《人文社会科学哲学》《当代英美哲学地图》《当代英美著名哲学家学术自述》《中国道路——思想前提、价值意蕴与方法论反思》等。在《中国社会科学》《哲学研究》等发表中英文学术论文300余篇，10余次获国家、教育部和湖北省哲学社会科学优秀成果奖，主持10余项国家、省部级和国际合作科研项目，数十次出国出境从事学术交流与合作研究。

1992年起享受国务院特殊津贴，1996年被评为湖北省“有突出贡献的中青年专家”，1999年入选教育部“跨世纪优秀人才”，人事部“百千万人才工程”。主讲国家大学视频公开课《哲学导论》、国家精品课程资源课《人文社会科学哲学》，为国家教育部重大课题攻关项目“推进国家治理体系和治理能力现代化”首席专家。

电子邮件：kouyang@ hust. edu. cn

【研究团队】

赵泽林　博士后、副教授，执笔人， 华中科技大学哲学系、国家治理研究院博士后、副教授、硕士生导师，哲学博士。现主要从事绿色发展与大数据决策支持、人工智能的马克思主义哲学问题研究。近年来，主持“基于大数据的国家治理及其政府决策支持系统研究”等各级各类科研项目5项，参与“推进国家治理体系和治理能力现代化若干重大理论问题研究”等各级各类科研项目4项，出版学术专著1部，参著3部，在《自然辩证法通讯》《自然辩证法研究》《科学技术哲学研究》《哲学动态》等期刊上发表学术论文30余篇，多篇论文被人大复印资料《科学技术哲学》和党政机关网站转载。

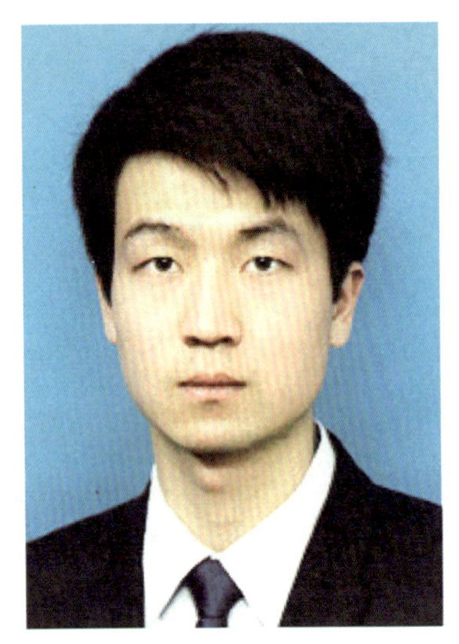

刘启航　博士，执笔人，华中科技大学国家治理研究院研究人员、社会学系博士。现主要从事国家治理现代化、生态文明与生态治理研究。

【致　谢】

参与讨论的专家学者

杨　治　张坤民　吴　毅　齐海滨　张建华　王国华

宋德勇　钟书华　周敬宣　王晓升　陈　刚　吴　畏

杜志章　栗志刚　饶传平　吴兰丽　杨成林　曹志刚

楼宗元　张　豪　袁　蹊

以下人员参与了数据采集

熊治东　定光莉　姜权权　石敬琳　孟雪刚　刘东琪

吴　凡　吴修贤　赵小月

熊治东博士提供了湖北省 17 个地市州截至 2014 年底基本情况介绍的相关文字资料。

【特别鸣谢】

中华人民共和国环境保护部

中华人民共和国教育部社科司

中国社会科学出版社

《中国社会科学》编辑部

中华人民共和国国家发展和改革委员会社会发展研究所

中华人民共和国国务院发展研究中心资源与环境政策研究所

中国共产党湖北省委员会

湖北省人民政府

湖北省统计局

湖北省环境保护厅

华中科技大学

感谢研究团队的积极参与和通力合作！

本次研究还参阅了国内外相关领域多种语言的文献，篇幅有限，在此未能一一列出，特此向相关作者一并致谢！

总　序

为了更好地推进中国的生态文明建设和绿色发展，华中科技大学国家治理研究院“绿色 GDP 绩效评估研究”课题组研究并发布了《中国绿色 GDP 绩效评估报告》，并策划出版了本系列丛书。

自然是人类生存发展的基础，人与自然是生命共同体，保护生态环境就是保护人类赖以生存发展的自然基础和生态家园。党和国家历来重视社会主义建设中的生态环境保护。新中国成立之初，当时的林垦部就出台了《保护森林暂行条例（草案）》等文件，指导全国各地的生产建设。20 世纪 70 年代，我国成立了新中国成立以来的第一个生态环境保护机构，即“三废”利用领导小组，积极引导社会主义生产建设节约资源，保护生态环境。改革开放以后，传统工业文明在给中国带来经济高速增长的同时，也给中国的生态环境保护提出了新的课题。党的十八大以来，以习近平同志为核心的党中央，把绿色发展理念提升到治国理政、人类社会健康发展的新高度，提出了经济建设、政治建设、社会建设、文化建设和生态文明建设“五位一体”的总体布局，大力推进生态文明建设，促进绿色发展。尤其是习近平总书记提出的“绿水青山就是金山银山”等形象而重要的论断从根本上校正并提升了人们对生态文明和绿色发展的认识，指引着中国经济社会发展的健康方向，为人类社会的永续发展贡献了中国智慧。

正是有感于生态文明所具有的特殊意义，近年来我先后应邀参加了一些相关学术会议，并发表了一些专题论文，例如，《生态哲学研究的若干辩证关系》（《人民日报》2014 年 7 月 18 日），《生态悖论与生态治理的价值取向》（《天津社会科学》2014 年第 6 期）。而将生态文明的理论探讨引向绿色 GDP 绩效评估则是担任华中科技大学国家治理研究院院长之后的事情。在我们对国家治理研究院研究版图的设计中，一方面是全球治理、国家治理、省级治理、县域治理和乡镇治理这样的多层次研究，另一方面则是政治治理、经济治理、社会治理、文化治理和生态治理等多领域研究，还有政府治理、市场治理和企业治理等不同的方面研究。为了更好探讨生态治理的指标体系和实施途径，2014 年 6 月起，国家治理研究院成立了“绿色 GDP 绩效评估课题组”，由我担任课题组组长和首席专家，正在哲学系从事博士后研究的赵泽林博士、博士生刘启航和熊治东作为课题组核心成员参加工作，发挥了非常重要的作用。院内外一些专家学者和师生参与了课题组研究与讨论。课题组经过艰难探索，力图在追求经济高速增长和保护生态环境的双重价值指引之下，以科学数据为支撑，以“绿色 GDP 绩效评估”作为新的经济社会发展指挥棒，推进国家治理体系和治理能力的现代化，积极探索切实可行的绿色发展模式。这既是华中科技大学国家治理研究院开展“绿色 GDP 绩效评估研究”的初衷，也是该课题组决定持续推出“中国绿色 GDP 绩效评估研究丛书”的基本动因。

“绿色 GDP”并非新鲜事物，它是国际社会近一个世纪以来共同努力的结晶。早在20 世纪初，一些经济学家就开始探索如何从税收、产权制度设计层面解决经济增长中的生态环境问题。经过近半个世纪的探索，各国学者和政府最终都从不同路径论证了单一的 GDP 评价体系存在多种局限，修正 GDP 指标逐渐成为共识。20 世纪 90 年代，联合国在综合各国理论与实践的基础上，修正了以传统 GDP 为核心指标的国民经济核算体系（System of National Accounts，SNA），提出了“综合环境与经济核算体系（System of Integrated Environmental and Economic Accounting，SEEA）”。自此之后，世界各国纷纷开展了相关理论与实践探索。新世纪以来，中国学界也陆续在政府的指导下，开展了多项关于“绿色 GDP”的研究，形成了《中国环境经济核算体系框架》等成果。遗憾的是，中国的绿色 GDP 研究却因为各种历史原因，一度沉寂下来。不过，世界各国各地区对绿色 GDP 的理论与实践探索者也都认识到，绿色 GDP 不是“要不要做”的问题，而是“如何做”的问题。

华中科技大学国家治理研究院“绿色 GDP 绩效评估研究”课题组，提出的绿色 GDP 绩效评估，就是以管理学、政治学、生态学、统计学等多学科方法，对某一地区的绿色 GDP 进行绩效测算与评估。这种绿色 GDP 评估既使多年来人们关注的绿色 GDP 核算的基本思想得到了传承，又在对绩效的关注上从更加宏观的视野中有所拓展和超越。绿色 GDP 绩效评估就是要构建科学的理论模型，选取合适的算法，对不同地区的不同状况做出有效区分与精准“刻画”。其目的在于有效区分，并尽可能准确反映某一地区“绿色GDP”的基本情况。该课题组所提出的绿色 GDP 绩效评估，不仅关注了评估对象的 GDP 总量，还关注了人均 GDP、绿色 GDP、人均绿色 GDP，并在此基础上测算出绿色发展绩效指数。因此，这种绿色 GDP 绩效评估不仅更具全面性和科学性，也更具直观性和可行性，也更能体现“绿色发展”中“绿色”与“发展”的双重内涵。

2016 年 5 月，经过艰辛努力，华中科技大学国家治理研究院绿色 GDP 绩效评估研究课题组在“第三届国家治理体系和治理能力建设高峰论坛”上，发布了《中国绿色 GDP 绩效评估报告（2016 年湖北卷)》，成为国内首个由高校智库公开发布的地方性绿色 GDP 绩效评估报告，引起专家学者的广泛关注。

2017 年 3 月，华中科技大学国家治理研究院与《中国社会科学》编辑部在北京联合举办了绿色 GDP 绩效评估专家咨询会，来自国务院发展研究中心、《中国社会科学》杂志社、环保部环境规划研究院、北京航空航天大学等单位的专家学者，对课题组的研究表示了充分肯定，并对进一步做好绿色 GDP 绩效评估项目提出了指导性意见或建议。

2017 年 6 月 23 日，华中科技大学国家治理研究院与《中国社会科学》编辑部在北京联合发布了《中国绿色 GDP 绩效评估报告(2017 年湖北卷)》，再次引起人民网、光明网、环保部等社会各界的广泛关注。

2017 年 10 月 11 日，在中国共产党第十九次全国代表大会召开的前夕，华中科技大学国家治理研究院与中国社会科学出版社、《中国社会科学》编辑部联合发布了《中国绿色 GDP 绩效评估报告

(2017 年全国卷)》，这是国内首个由高校智库公开发布的全国性绿色 GDP 绩效评估报告。

走绿色发展道路，是人类社会实现永续发展的必然之路。建设生态文明，是中华民族的千年大计。时代在发展，实践在发展，但我们对人与自然和谐共生共长的价值追求不会改变，我们对相关问题的持续性探索与研究，也将在实践中更加深入。中国共产党的第十九次全国代表大会提出，从 2020 年到 2035 年，中国的“生态环境根本好转，美丽中国目标基本实现。”“从 2035 年到本世纪中叶，在基本实现现代化的基础上，再奋斗十五年，把我国建成富强民主文明和谐美丽的社会主义现代化强国。”“为人民创造良好生产生活环境，为全球生态安全作出贡献”，这是中国共产党人科学把握时代脉搏，积极回应人民心声做出的庄严承诺。建设美丽中国，既是中国共产党人的历史使命，也是每一位中国人的责任担当。值本丛书出版之际，我要特别感谢课题组成员的精诚团结和无私奉献！特别感谢各方面的大力关心和支持！我们也期待有更多的来自社会各界的朋友们，与我们一道为了绿水青山，为了人与自然的和谐共生共长，为了人类社会快速走上积极健康的绿色发展道路而共同努力！

欧阳康

华中科技大学国家治理研究院院长

“绿色 GDP 绩效评估研究”课题组组长

2018 年 1 月 28 日

内容摘要

《中国绿色 GDP 绩效评估报告（2016 年湖北卷）》是“绿色 GDP”理论与实践在中国沉寂十多年来，首个由高校智库公开发布的地方性绿色 GDP 绩效评估报告。该报告有三个突出特点，其一是报告以跨学科视野，基于国内外“绿色 GDP”理论与实践探索的已有共识，创建符合中国国情的新评价体系。报告根据最为严格意义的“绿色 GDP”科学内涵，在管理学、政治学、统计学、生态学等学科视野下，根据中国的统计学实践，构建绿色 GDP 绩效评估的基础数据统计与评价指标体系，以及 3 个一级指标、11 个二级指标、52 个三级指标、45 个分行业统计与评价指标体系，形成新型“矩阵型”二维指标体系。其二是利用先进的大数据技术与方法，对评估对象展开大数据计算与分析，充分保证数据处理的客观性和科学性。报告充分改进了以往绿色 GDP 算法中资源耗减和生态损耗的指向性，并在此基础上采集到了湖北省 17 个地区 2008 年到 2014 年间，42 个不同行业的能源消耗、环境损失、生态损耗等共计 418710

个有效数据，专门研发了“绿色发展大数据分析平台”用于处理所采集的有效数据，最终形成《中国绿色 GDP 绩效评估报告（2016 湖北卷)》。其三是报告所有原始数据均来自于湖北省统计局、湖北省环保厅等权威部门的公开数据，全文的理论描述，既有对评估对象的定量客观呈现，也有对评估对象的定性理论分析，其研究结论既具有理论参考价值，亦有重要的实践指导意义。

根据测算结果，《中国绿色 GDP 绩效评估报告（2016 年湖北卷)》对湖北省 17 个地市州的 GDP、人均 GDP、绿色 GDP、人均绿色 GDP、绿色发展指数进行了绩效排名。报告指出，2014 年湖北省 17 个地市州的 GDP 排名依次为：武汉、宜昌、襄阳、荆州、黄冈、孝感、荆门、黄石、十堰、咸宁、随州、鄂州、恩施州、仙桃、潜江、天门、神农架。2014 年湖北省 17 个地市州的人均 GDP 排名依次为：武汉、宜昌、鄂州、潜江、襄阳、黄石、仙桃、荆门、咸宁、十堰、随州、天门、孝感、神农架、荆州、黄冈、恩施州。2014 年湖北省 17 个地市州的绿色 GDP 排名依次为：武汉、襄阳、宜昌、黄冈、荆州、荆门、孝感、十堰、黄石、咸宁、随州、鄂州、恩施州、仙桃、潜江、天门、神农架。2014 年湖北省 17 个地市州的人均绿色 GDP 排名依次为：武汉、宜昌、鄂州、襄阳、潜江、仙桃、荆门、黄石、咸宁、十堰、随州、天门、孝感、神农架、荆州、黄冈、恩施州。2014 年湖北省 17 个地市州的绿色发展指数排名依次为：武汉、仙桃、襄阳、宜昌、天门、潜江、随州、十堰、咸宁、黄冈、荆门、神农架、恩施州、荆州、鄂州、孝感、黄石。

根据评估数据，《中国绿色 GDP 绩效评估报告（2016 年湖北卷)》对湖北省17个地市州的绿色发展现状及其特点、发展趋势展开了理论分析。报告认为，第一，湖北省各地区绿色发展现状差异明显。2014年武汉各项指标均处湖北首位，与宜昌、襄阳同属于湖北绿色发展综合绩效的第一梯队。而荆州、黄冈、孝感、神农架、恩施、鄂州、仙桃、潜江、天门的GDP、人均GDP、绿色GDP、人均绿色GDP、绿色发展指数均有2个以上指标排在第12名之后。荆门、黄石、十堰、咸宁、随州的GDP、人均GDP、绿色GDP、人均绿色GDP、绿色发展指标排名位次多为第8名左右，处于中游。第二，湖北省各地区基本都已步入经济增长的中高速增长期。2010、2011年是湖北省17个地市州GDP、人均GDP、绿色GDP、人均绿色GDP的增速峰年。此后，湖北省17个地市州的GDP、人均GDP、绿色GDP、人均绿色GDP各指标的增速普遍在10%以下。第三，湖北省各地区初现不同特点的绿色发展态势。从2008至2014年湖北省各地区的GDP增速、人均GDP增速、绿色GDP增速、人均绿色GDP增速的历史比较来看，武汉、宜昌、十堰、鄂州、黄冈、荆门、神农架、咸宁等具有一定的稳定性，各指标并没有多大波动。随州、恩施、荆州、孝感、仙桃等绿色GDP增速、人均绿色GDP增速开始超越该地区GDP增速、人均GDP增速。黄石、天门、襄阳等地的绿色GDP增速、人均绿色GDP增速明显低于该地区GDP增速、人均GDP增速。

课题组认为，湖北省在绿色发展方面不仅大有可为，而且可以依据科学手段实现绿色发展的弯道超越。《中国绿色GDP绩效评估报告（2016年湖北卷）》指出，第一，湖北省需要大胆变革，引入绿色发展政绩考核机制，压实各级地方政府推进绿色发展的主体责任。地方各级统计部门的统计口径既要统计 GDP 增长，也要统计消耗了多少资源和能源；各个产能部门申报自己成果的同时，也要申报资源能源和环境消耗情况；要对各地绿色 GDP 情况进行排名，实施干部的绿色 GDP 绩效审计。第二，省一级政府需要简政放权，鼓励各地政府积极制定创立、引进绿色企业的不同政策。在正视各地方发展现实的基础上，上一级政府需要大胆放权，允许下一级政府在报请上级主管部门审核批准的前提下，积极制定与该地区发展相适应的环境税收政策，为绿色科技创业者提供低息贷款等激励政策，积极创立、引进与当地发展目标相一致的绿色企业、绿色技术，提供绿色就业岗位，创造新的发展机遇。第三，绿色发展需要全员动员，构建绿色发展的监督、舆论宣传等全社会落实推进机制。绿色发展需要政府、市场与社会协同构建具有长效性的良性互动机制，各司其职；各级地方政府也需积极动员社会环保组织、人民群众的力量，进一步加强绿色发展的舆论宣传，敢于监督、敢于亮剑、敢于公开信息，带领全社会改变生产生活方式，自觉走上绿色发展之路。

《中国绿色 GDP 绩效评估报告（2016 年湖北卷）》所蕴含的价值指向和理论框架，对中国乃至世界上其他国家推进绿色发展具有重要启示意义。第一，报告所采用的绿色 GDP 绩效评估体系和方法，为在全国乃至更大范围内开展绿色 GDP 绩效评估，提供了可资借鉴和推广的重要经验。该成果所采用的数据均为公开发布的数据，通过该指标体系、评估方法测算出的结果，真实、客观地反映了湖北各地的绿色发展现实，已经具备经验推广的基础和条件。第二，课题组所开展的绿色 GDP 绩效评估研究，对破解经济增长的生态魔咒这一全球性、现代性难题做出了有益探索，提供了中国的理论参照、方法论原则。如何能够在稳步发展经济的同时，又能合理利用自然资源和有效保护生态环境，实现可持续的绿色发展已经成为人类进入现代社会的全球性问题。本课题成果已经在此方面初步构建出自己的解释框架和治理之道。第三，绿色 GDP 绩效评估研究有望通过倒逼机制，为中国的绿色发展提供精准的政策着力点和可操作的推进方案。绿色 GDP 绩效评估可以为各级地方政府加速经济社会的绿色发展转型，提供认清现实，找准方向的决策坐标。政府可以有效利用绿色 GDP 绩效评估数据，开展有针对性的产业结构调整、环境税收征收等多方面的政策研究，加速推进国家治理的现代化。

《中国绿色 GDP 绩效评估报告（2016 年湖北卷）》发布后，引起了社会各界的强烈反响和积极期待。在发布会现场进行的调查问卷显示，多名专家认为该报告“具有开创性”、“很真实、很实在”，其研究思路、方法、结果等为湖北各地区绿色发展提出明晰科学参照体系，为我国开创绿色快速发展之路提供了可供借鉴和推广的思想理论、评估体系和方法论原则，对当今全国各地的绿色发展转型探索具有重要参考价值和启示意义，“希望推广至全国乃至全世界绿色发展的绩效评价”。多名专家明确建议，“尽快将其成果送达高层”，以湖北为试点尽快落实、推广，并加强持续跟踪研究，以绿色 GDP 绩效评估研究引领全国的绿色发展。发布会后，由《中国绿色 GDP 绩效评估报告（2016 年湖北卷）》衍生出的“推广绿色 GDP 绩效评估 引领绿色发展方向”等多项理论成果，被中华人民共和国教育部、光明内参总编室、中共湖北省委员会、湖北省人民政府等机构采用。人民网、新华网、光明网、《民生周刊》、湖北电视台等 30 多家媒体，从不同层面对《中国绿色 GDP 绩效评估报告(2016 年湖北卷)》的内容、观点进行了广泛报道，引起了强烈的社会反响。华中科技大学国家治理研究院绿色 GDP 绩效评估课题组，也将尽可能完善和发展绿色 GDP 绩效评估研究，适时推出系列研究报告等多项成果，助力全人类的绿色发展。

Indicative Abstract

Report on Green GDP Performance Evaluation of China (2016 Hubei Province) is the first lo-cal GDP Performance Evaluation published by the university think tank since the theory and prac-tice of Green GDP has become familiar to Chinese people. The report possesses three features. First, the report is based on the consensus reached by the internal and external Green GDP theories and practices and in the report a new evaluation system with Chinese characteristics from the trans-subject view is established. According the strictest sense of Green GDP content and the statistical practice in China, the report under the guidance of management, political science, statistics, ecology etc, established the basic data statistic and evaluation index system and Statistics and Evaluation Index System. The report contains 3 first-grade indicators, eleven second-grade indicators, 52 third-grade indicators and 45 sub-sectors and a new Matrix of two-dimensional index system is formu-lated. Second, the report via the advanced big data carried out the calculation and analysis on the evaluation target with the guarantee of objectivity and scientificity. The report has made the im-provement in the directivity of the past resources depletion and ecological loss in green GDP algo-rithms and under the basis of it the report has collected 41, 8710 valid data in resources depletion, environment al loss and ecological loss from 2008 to 2014 covering 42 different industries. Big Da-ta Analysis Platform of Green Development is developed to process the collected data in a particu-lar manner and finally the Report on Green GDP Performance Evaluation of China (2016 Hubei Province) is presented in front of the public. Third, all the raw data come from the authoritative de-partments including Statistics Department of Hubei Province and Environmental Protection De-partment of Hubei Province. The theoretical description covers targets presented in a quantitative manner and also covers the qualitative theoretical analysis of the target. The research conclusion is of theoretical referenceable and practical value.

According to the calculation result, the Report on Green GDP Performance Evaluation of China (2016 Hubei Province) has made the ranking list of 17 regions, cities states of Hubei province on several green development indicators including GDP, per capita GDP, green GDP, per capita green GDP and green development indicator. The ranking is as follows. GDP ranking of 17 cities of Hubei province in 2014: Wuhan、Yichang、Xiangyang、Jinzhou、Huanggang、Xiaogan、Jinmen、Huangshi、Shiyan、Xianning、Suizhou、Ezhou、Enshizhou、Xiantao、

Qianjiang、Tianmen、Shennongjia. Per capita GDP ranking of 17 cities of Hubei province in 2014: Wuhan、Yichang、Ezhou、Qianjiang、Xiangyang、Huangshi、Xiantao、Jinmen、Xianning、Shiyan、Suizhou、Tianmen、Xiaogan、Shennongjia、Jinzhou、Huanggang、Enshizhou. Green GDP ranking of 17 cities of Hubei province in 2014: Wu-han、Xiangyang、Yichang、Huanggang、Jinzhou、Jinmen、Xiaogan、Shiyan、Huangshi、Xianning、Suizhou、Enshizhou、Xiantao、Qianjiang、Tianmen、Shennongjia. Per capita GDP ranking of 17 cities of Hubei province in 2014: Wuhan、Yichang、Ezhou、Xiangyang、Qianjiang、Xiantao、Jinmen、Huangshi、Xianning、Shiyan、Suizhou、Tianmen、Xiaogan、Shennongjia、Jinzhou、Huanggang、Enshizhou. Green development indica-tor: Wuhan、Xiantao、Xiangyang、Yichang、Tianmen、Qianjiang、Suizhou、Shiyan、Xianning、Huanggang、Jinmen、Shennongjia、Enshizhou、Jinzhou、Ezhou、Xiaogan、Huangshi.

According to the evaluation data, the Report on Green GDP Performance Evaluation of China (2016 Hubei Province) carries out the theoretical analysis on the status quo of green development of 17 regions, municipalities and prefectures of Hubei province and their characteristics and develop-ment trend relatively. It is reported that first the status quo of green development of different re-gions differ in an obvious manner. In 2014 , every single indicator of Wuhan city ranks the first in Hubei province and along with Yichang and Xiangyang belong to the first grade judging from the comprehensive performance, while the GDP, per capita GDP, Green GDP and per capita GDP of Jinzhou、Huanggang、Xiaogan、Shennongjia、Enshi、Ezhou、Xiantao、Qianjiang、Tianmen with at least two indicators rank after 12th. Several indicators of Jin-men、Huangshi、Shiyan、Xianning、Suizhou rank the about 8th, belonging to the mid-level. Second, many regions have entered into the period of medium and high-level growing rate. The year of 2010 and 2011 enjoy the fast growing of GDP, per capita GDP, Green GDP and per ca-pita GDP. The above indicators are generally below 10%. Third the green development trend in these areas present different characters for the first time. From 2008 to 2014, four indicators in Wuhan、Yichang、Shiyan、Ezhou、Huanggang、Jinmen、Shennongjia、Xianning on the whole maintain stable. The growing pace of Green GDP and per capita Green GDP surpass the pace of GDP and per capita GDP for the first time in Suizhou、Enshi、Jinzhou、Xiaogan and Xiantao. The Green GDP and per capita GDP of Huangshi、Tianmen and Xiangyang are below the pace of GDP and per capita GDP of these regions.

Research team thinks that there is a bright future for the green development of Hubei province and a corner overtaking in green development will be achieved via the scientific approach. Report on Green GDP Performance Evaluation of China (2016 Hubei Province) points out: first, Hubei province should be bold in making the reform, introduce the performance appraisal mechanism for green development and consolidate the role local governments at different levels play in promoting the green development. The statistic scope of local government ranges from the growth of GDP as well as the energy resources and environment consumption.

Production sectors should not only re-port the productivity but also the consumption of energy resources and environment. Green GDP of governments at different levels should be ranked and the green GDP performance should be au-dited. Second, government at provincial level should streamline and delegate more power to lower level government and encourage governments at different levels to establish and introduce different policies for green enterprises. On the basis of development status quo, governments at higher level should take bold steps to delegate more power to government at lower level, establish the environmental taxation policy compatible to the local development on the prerequisite that the lower level government apply for the audit and authorization, provide the incentive policies for the green tech entrepreneurs such as low-interest loan, establish and introduce green enterprises, green technologies in consistent to the development goal of local government and provide jobs for green industry so as to create opportunitics for development in an active manner. Third, green development needs full mobilization. Supervision of the green development and propaganda should be intro-duced. Long-term sound interactive mechanism should be established with the joint effort of gov-ernment, market and society in correspondent to the need of green development. Different sectors should play their role. Local governments at different levels should mobilize the environmental or-ganizations and masses of people to further enhance the propaganda. Local governments at different levels should have the courage to supervise, to show their sword in face of trouble and lead the entire society to change the way of living and production so as to embark on the road of green development.

The value direction and theoretical framework in the China's Green GDP Performance Evalua-tion Report (2016 Hubei Province) serve as the enlightenment to the green development of China and rest of the world. First, the evaluation system and approach adopted by the GDP performance evaluation system provide experience of reference and promotion. The data adopted are published beforehand and the result calculated by the evaluation system objectively reflects the status quo of green development and foundation and qualification are already for the experience promotion. Second, the green GDP performance evaluation carried out by the research team hasmade positive exploration to break the eco-curse of economic development, the current global headache and thus provide the theoretical reference and methodological principles with Chinese characteristics. To balance the economic development while utilize the natural resources and protect the ecosystem in an efficient manner has become the global issue in the modern society. The report has initially constructed a framework of explanation and approach of management in this regard. Third, through the reversed transmission of the pressure to get something done, the green GDP performance evaluation research is expected to provide the accurate policy focus and operation advancing program for green development of China. Green GDP performance evaluation helps local governments find the targeted decision-making coordinate to pace up the green development transformation of economic society. Via the use of green GDP performance evaluation data, policy research on targeted industrial restructuring and environmental taxation are available to promote the modernization of state governance.

The release of Report on Green GDP Performance Evaluation of China (2016 Hubei Province) has aroused the great response and positive expectation. According to questionnaires collected in the publication, many experts consider the report groundbreaking, authentic and practical. Its re-search pattern, approach and result provide scientific reference for green development of different regions of Hubei province and also provide the theoretical reference and methodological principles with Chinese characteristics worth promoting. It is suggested that Green GDP Performance Evaluation be promoted to entire China and even the whole world, the result be reported to the high level as soon as possible and Hubei province as the trial be put into practice, promoted and traced so as to make the Green GDP Performance Evaluation lead the green development of China. The press conference for publication has derived many theoretical achievements including To Promote the Green GDP Performance Evaluation, To Provide the Guidance for Green development, etc. These achievements are adopted by the Ministry of Education, internal editor-in-chief of Guangming News agency, Hubei Provincial Committee of CPC, People's Government of Hubei Province, etc and reported by more than 30 media including People's Network, Xinhua News Agency, Guangming Network, Minsheng Weekly and Hubei TV, etc from the perspective of its content and point of view in various manner. Green GDP Performance Evaluation Assessment Research Team of the Institute of State Governance of Huazhong University of Science and Technology will make the utmost effort to enhance the green GDP Performance Assessment research, launch several research reports and continue to make the share of contribution to the green development of humankind.

目　录

Table of Contents

一　生态文明与绿色发展的当务之急

当前，中国民众对生态文明建设、绿色发展的理念认同已经深入人心，制度建设、政策传播等工作也取得了一些新的成就，但究竟如何尽可能调动一切积极因素，将理念化为行动，让目标成为现实，是中国在生态文明建设中不得不直面的重大现实难题。解决这一问题的当务之急在于找到恰当的“指挥棒”，形成新的发展指向和生态文明建设、绿色发展的重要抓手和发力点。其解决路径仍然需要在以经济建设为中心的前提下，探索新的应对之策，化解经济增长与生态保护之间的矛盾。

1. 生态文明与绿色发展

2010 年 4 月，时任国家副主席的习近平出席博鳌亚洲论坛开幕式并发表演讲时就鲜明地指出：“绿色发展和可持续发展是当今世界的时代潮流。”党的十八大以来，以习近平总书记为核心的党中央将绿色发展提到了转变治国理念的新高度。党的十八届五中全会，习近平将绿色发展视为关系中国发展全局的一个重要理念，并作为“十三五”乃至更长时期中国经济社会发展的一个基本理念加以落实。它标志着中国国家治理理念正在出现前所未有的转型。正如西方媒体所评论的那样，如果说19世纪以来西方开启的工业文明，使人类社会财富急剧增长，那么21世纪的中国正在带领全世界走向生态文明，使人类社会更加可持续。

如何抓好生态文明，实现绿色发展？2013年9月23日至25日，习近平总书记在参加河北省委常委班子专题民主生活会时指出：“要给你们去掉紧箍咒，生产总值即便滑到第七、第八位了，但在绿色发展方面搞上去了，在治理大气污染、解决雾霾方面做出贡献了，那就可以挂红花、当英雄。反过来，如果就是简单为了生产总值，但生态环境问题越演越烈，或者说面貌依旧，即便搞上去了，那也是另一种评价了。”由此可见，探寻以绿色发展为核心理念的地方治理绩效评估方案，不仅必要，而且紧迫。

2014年，湖北省委省政府积极回应党和人民对未来发展的重大关切，明确提出了“绿色决定生死、市场决定取舍、民生决定目的”三维纲要，这不仅是湖北省委省政府对党中央高度重视生态文明建设的积极回应，更是影响湖北地区发展的重要新理念。2015年，湖北省正式出台《湖北省生态文明体制改革实施方案》。该方案按照“源头严防、过程严管、后果严惩”的总体思路，实施最严格的耕地林地保护制度、水资源管理制度和环境保护制度，探索环境考核评价体系，着力完善环境体制机制。2016年，时任湖北省委书记李鸿忠领衔推进湖北省自然资源资产负债表编制试点和领导干部自然资源资产离任审计试点重大改革项目启动工作。这些重大举措都体现了湖北省在落实绿色发展理念的坚定意志和决心。

缓解经济增长与生态保护之间的矛盾是一个世界性难题，并非中国独有。20 世纪 30 年代，美国等资本主义国家的经济学家就已经开始探索这一问题。他们引入了“潜在帕累托改进（Potential Pareto Improvement）”概念，来探索经济发展中资源与环境损耗的价值补偿问题。此后，诺贝尔经济学奖获得者瓦西里·列昂惕夫（Wassily Leontief）等一大批关心可持续发展的经济学家和政策制定者，开始探索如何修正传统 GDP。在经过超过半个世纪的探索后，联合国在其 1992 年的《System of Integrated Environmental and Economic Accounting，简称 SEEA》及 1993 年的《System of National Economic Accounts，简称 SNA》中提出了生态国内产出（Environment Domestic Products，简称 EDP）后，挪威、加拿大、澳大利亚等国家和地区，以及世界银行等国际组织纷纷投入大量精力，开展绿色 GDP、EDP 的理论与实践探索。

2. 绿色 GDP 及其绩效评估

GDP 自面世以来，一直吸引着不同人群的目光。在现存以“发展”为对象的评价体系中，最引人关注的指标莫过于“GDP”。无论是何种肤色的人，无一不对 GDP 抱有前所未有的热情。即使是明确反对单独以 GDP 评价经济增长、社会发展程度的著名经济学家萨缪尔森（Paul A. Samuelson）也不得不承认，“GDP和国民收入账户的其他指标虽然看起来不可思议，但它们的确是20世纪的伟大发明之一”。[①] 但这些都不能最终掩盖GDP指引社会发展所存在的缺陷。美国经济学家伯南克（Ben Shalom Bernanke）指出：“实际GDP与经济福利并不等价。它最多也只是衡量经济福利的一个重要指标，这在很大程度上是因为它只包括那些通过市场定价并出售的产品和服务。还有很多经济福利做出贡献的因素没有在市场上定价和出售，因此在GDP计算过程中，这些因素大部分甚至完全被忽略了。”[②] 这些因素其中就包括了GDP增长中的生态环境损耗。因此，一种考虑GDP增长中的资源、环境、生态损耗的新型核算、评价指标应运而生，这就是绿色GDP。

早在十年前，习近平就指出：“我们已进入新的发展阶段……我们既要GDP，又要绿色GDP。”[③] 绿色GDP绩效评估就是要通过统计GDP增长中能源消耗、环境损耗、生态损耗，并对其进行相应实物量到价值量的换算，扣减掉GDP增长中的能源消耗、环境损耗、生态损耗价值量，得出纯发展性的GDP增长净值。这种测算与评估将在提高自然资源的利用效率、资源与生态环境保护、树立和引导科学的政绩观发展观、促进社会的可持续发展、社会的和谐发展等方面孕育多重新的政策含义和制度创新空间。因此，绿色GDP绩效评估对于完善中国经济社会评价体系，实现中国生态文明建设

---

① ［美］保罗·A·萨缪尔森、威廉·D·诺德豪斯：《经济学》，人民邮电出版社2008年版，第424页。

② ［美］罗伯特·弗兰克、本·伯南克：《宏观经济学原理》，清华大学出版社2010年版，第102—103页。

③ 习近平：《之江新语》，浙江人民出版社2007年版，第45页。

目标，全面建成小康社会具有十分特殊的重要意义。本课题组的研究就是基于以上原因而展开的。

3. 本课题的研究进程

本课题的研究经过了艰苦的探索。华中科技大学国家治理研究院在2014年2月成立后，立即开始思考如何从根本上助力国家治理现代化，与各级地方政府一道探索绿色发展的新模式。

2014年4月欧阳康院长协同潘垣院士等向中央提出《根治华北雾霾的技术方案与综合治理建议》获得习近平总书记、李克强总理和张高丽副总理等的重要批示。

2014年6月，欧阳康教授在华中科技大学国家治理研究院倡导以探索绿色GDP绩效评估为突破口助力绿色发展。

2014年9月，欧阳康教授在北京参加世界和平大会之后，决定带领博士生刘启航开始探索绿色GDP绩效评估。

2014年11月，根据项目进展需要，欧阳康教授邀请华中科技大学公共管理学院的杨治副教授、华中科技大学国家治理研究院博士后赵泽林副教授参与到绿色GDP项目中来。这期间，根据杨治教授的提议，课题组开始引入数据包络算法（Data Envelopment Analysis，DEA）开展绿色GDP绩效评估。该算法能够较好地反映GDP投入产出效率，但因为其结果并不能全面、直观反映某一地区绿色GDP、GDP等经济发展的实际情况。随后，课题组开始寻找新的算法来完善本次研究。

2015 年 2 月，欧阳康教授在受邀参加由湖北省委书记李鸿忠主持的 2015 年湖北文化界新春座谈会上提出，“湖北在 2014 年交出了一份让全省人民非常满意的答卷：整体发展表现不凡，全国领先、中部第一，形成了强大的发展气场。关于新常态背景下的 2015 年的湖北，我认为，在各省市纷纷调低经济发展目标的时候，湖北要咬定青山不放松，坚定不移地加快发展。在保持快速增长的同时，要高度关注总 GDP、人均 GDP、绿色 GDP 这三个 GDP 的发展。”① 该观点提出后，受到了李鸿忠书记等领导的充分肯定。这进一步坚定了课题组对绿色 GDP 展开深入研究的信念。国家治理研究院设置了绿色 GDP 绩效评估重点课题，提供经费支持，由欧阳康出任课题组组长。欧阳康教授召集赵泽林、刘启航多次讨论如何进一步落实绿色 GDP 项目的研究工作，并基本上确定了华中科技大学国家治理研究院绿色 GDP 绩效评估研究的三人核心小组，落实了各自的分工。

2015 年 5 月，在华中科技大学国家治理研究院召开第二届国家治理体系和治理能力现代化高峰论坛期间，欧阳康教授带领赵泽林副教授、刘启航博士与环保部原副部长、清华大学张坤民教授等关心绿色 GDP 的其他与会专家一起，就绿色 GDP 的研究展开了非常深入的交流。在这次会议之后，欧阳康教授提出，一是根据需要补充课题组成员，进一步坚定该项目研究的决心；二是认真比较国内外现有绿色 GDP 的绩效评估方法，积极寻求更好的办法，完善本课题组的研究。在经过近两个月的重新思考和补充阅读大量文献后，课题组提出了紧扣绿色 GDP 定义，先算绿色 GDP 绝对值，再算绿

① 引自记者别鸣刊登在 2015 年 2 月 11 日《湖北日报》上的文章，题为《欧阳康：在中部崛起中发挥更多思想引领作用》。

色 GDP 相对效率值的基本思路。随后，经过两个多月的绿色 GDP 绝对值算法攻关，课题组在 2015 年 9 月形成了绿色 GDP 矩阵算法的基本思想。该算法是在联合国、中国环境规划院等机构对绿色 GDP 探索基础上，对绿色 GDP 核算的再次修正。其算法充分考虑了经济增长中的能源消耗、环境损失和生态损耗，并考虑了自产性、输入性、二次损耗、环境污染的时效与扩散等问题后，列出了详尽的数据采集表。

2015 年 9 月，经过仔细论证，课题组决定首先在湖北收集必要的基础数据，开始湖北省绿色 GDP 绩效评估的试算。2015 年 11 月，欧阳康教授、赵泽林副教授、刘启航博士形成了《关于在湖北开展绿色 GDP 绩效评估的建议案》。该建议案正式编入华中科技大学国家治理研究院主编的 2015 年第 5 期《国家治理参考》送达省委省政府参阅。

2016 年 1 月，欧阳康教授代表课题组向政协湖北省第十一届四次会议提交了《在湖北率先开展绿色 GDP 绩效评估的建议》提案，并在社科界组会议讨论时再次谈到了绿色 GDP 绩效评估的必要性和可行性。欧阳康教授认为，“之所以要进行绿色 GDP 评估，也是希望唤起各地方或各企业，在进行经济发展时，不能只注重发展，忽视了资源、环境等问题。绿色 GDP 的提出，也是为了更好利用资源，保护环境，这既是为我们更好发展提供数据支撑，更是为子孙后代造福。我们希望能够在今年底在湖北完成绿色 GDP 评估考核办法。按照我们设想，首先地方各级统计部门的统计口径要进行一些改变，既要统计 GDP 增长，也要统计消耗了多少资源和能源，包括影响环境的废水废气废物排放；各个产能部门申报自己成果的同时，也要申报资源能源和环境消耗情况；省里分管部门要协同监督，不仅是环保部门的事；发改委在制定发展目标时，也要对生态问题进行考核；干部在任前、任中甚至离任时，都要进行严格的生态审计与评估，把干部政绩与绿色 GDP 绩效评估问题联系起来。对全省各地的绿色 GDP 情况，要进行排名，用数据说话，各级政府必须将环境污染控制在一定范围内”。[①] 该观点引起媒体广泛关注，欧阳康教授先后接受了湖北卫视、湖北电台和多家报纸采访报道，迅速引起了社会各界的积极响应。

在华中科技大学国家治理研究院办公室主任杜志章的多次沟通下，课题组对原始数据的采集获得了较大突破。湖北省统计局给予了课题组非常大的支持，使课题组能够非常全面地获取到 2008 至 2014 年间湖北省各地市州能源消耗的大量数据。同时，湖北省环保厅也为课题组提供了 2014 年度湖北省各地市州环境污染排放的各种数据。虽然我国统计发展的现实决定了课题组并不能非常直接获取到课题组的理论框架所需要的全部数据，但是已有数据使课题组已经可以一窥湖北省绿色 GDP 绩效的真面目，从而有相对成熟的现实条件对绿色 GDP 展开核算与绩效评估。

正是在这些支持下，课题组开始了湖北省绿色 GDP 的绩效评估。湖北省统计局给课题组的数据精确到了规模以上的 42 个行业，涉及上百万个数据，数据量非常大。在这种情况下，课题组决定开发一个绿色发展的大数据科研处理平台，将课题组提出的矩阵核算理念用计算机程序来表达，把数据分为原始数据、中间数据和结果

① 引自记者王理略对欧阳康教授的采访，原文刊登在 2016 年 2 月 1 日的《湖北日报》，题为《用考核做实“绿色 GDP”》。

数据三个层次来处理。之所以开发这个平台，其主要原因是课题组希望尽可能客观准确地核算每个地区的绿色 GDP，对各个地区的绿色 GDP 绩效尽可能做出客观准确评估，为此必须克服大量不同类型的数据所带来的各种可能的人为干扰。经过一个多月的系统设计和程序开发，专门用于绿色发展研究的大数据处理平台终于诞生。随后，在经过近半个月的原始数据导入和数据校对后，课题组终于取得了现在的运算结果。

2016 年 4 月 23 日，中共湖北省委决策支持工作会议召开，欧阳康教授在大会发言中向李鸿忠书记和与会代表汇报了绿色 GDP 绩效评估课题研究进展，提出在湖北率先开展绿色 GDP 绩效评估，推进湖北治理现代化，引领湖北经济社会生态文化建设绿色而又快速发展。会后李鸿忠书记和省委常委傅德辉秘书长对此给予了充分肯定和大力支持。

2016 年 5 月，经过华中科技大学国家治理研究院专家组反复研究和讨论，课题组决定正式撰写本研究报告并对外发布研究结果，以期与社会各界一起推动中国的绿色发展，共创美好未来。

二　绿色 GDP 绩效评估的测算说明

课题组对绿色 GDP 展开测算和绩效评估的第一步就是根据现有理论文献，结合我国统计口径，编制既有理论支撑，又能搜集到可靠的原始数据的指标体系和评估框架。然后，构建数据处理平台，利用大数据技术与方法，开展数据测算，并对其结果展开理论分析。为此，课题组参照了国内外有关专家团队对绿色 GDP 的多种理论成果，在重新厘定绿色 GDP 概念内涵的基础上，重构了绿色 GDP 的评估框架，并据此开发了具有独立知识产权的绿色发展科研平台，最大限度保证了其结果的科学性和客观性。

1. 绿色 GDP 绩效评估的理论框架

绿色 GDP 并非新鲜事物。早在 20 世纪 70 年代，在美国麻省理工学院举行的“紧急环境问题研究”讨论会上，一些科学家就已经提出定量测算“从环境中扣除资源和产生废弃物污染环境”的方法。由此出现了“生态需求（Ecological Requirements）”这个术语。它是指从环境中开采资源的需求，以及各类废弃物返回环境的需求总和。许多学者都认为，“生态需求”概念是1986年布伦特兰报告的思想先锋，是可持续发展指标体系的先行者之一。但由于这个概念并没有对环境资源种类及其相应需求做出界定，估算指标识别能力较差，难以执行，因而并未在绿色 GDP 的核算中获得广泛应用。但是，把污染等经济行为所产生的社会成本从 GDP 中扣除，这一基本思想得到了托宾（James Tobin）和诺德豪斯（William D. Nordhaus）等人的认可和继承。1973年，日本政府提出将“净国民福利（Net National Welfare，NNW）”纳入国民经济核算中，其实质是将在传统国民经济核算中直接扣除环境污染所致的经济损失。自此之后，实际上许多国家都开始建立不同的绿色 GDP 核算体系，探索绿色 GDP 的核算方法，以便能够正确估算绿色 GDP。

2004年，中国国家环保总局和国家统计局联合启动“综合环境与经济核算（绿色 GDP）研究”项目，可看作中国正式启动绿色 GDP 的理论与实践探索。当时的“绿色国民核算体系框架研究”工作技术组形成了《中国环境经济核算体系框架》《中国环境经济核算技术指南》《中国环境经济核算软件系统》等成果，并于2005年开始在10余个省市开始绿色 GDP 试点工作。与此同时，国家统计局等机构也与加拿大、挪威等国家合作，开展森林资源、水资源等核算工作。2006年国家环保总局和国家统计局发布了《中国绿色 GDP 核算报告》。随后，中国绿色 GDP 理论与实践探索一度陷入低潮。但中国环境规划院等研究机构和世界上其他国家、地区的相关机构，不仅没有放弃对绿色 GDP 的理论与实践探索，而且在逐步深化绿色 GDP 的研究，并取得了一些新的重要进展。

从 GDP 到绿色 GDP，在经过中西方学界近百年的探索之后，虽然仍未提出十分完备的绿色 GDP 核算与评价理论，但却在绿色 GDP 的科学内涵、核算、评价原理这些基础认识上形成了共识。所谓绿色 GDP，即是从现行的 GDP 中扣除掉自然资源耗减以及环境污染损失之后的剩余国内生产总值。绿色 GDP 弥补了原有 GDP 核算模式忽视资源与环境损耗的不足，是对经济增长和社会发展更为全面的核算与评价。在大多数情况下，绿色 GDP 被认为是环境与经济综合核算（Environmentally Adjusted Domestic Product）的一种俗称，其核心是在 GDP 中扣减掉资源耗减和环境退化这两种生态损耗。绿色 GDP 与现行 GDP 的关系可用如下方式表示：

$$绿色\ GDP = GDP - U_{senp}$$

即，绿色 GDP = 国内生产总值—环境资源损耗

在这个基础算法中，资源耗减和环境退化这些表述都难以计量，且比较笼统。也有学者则提出了另一种具有典型代表意义的绿色 GDP 算法：

绿色 GDP = GDP －（自然的虚拟部分 + 人文的虚拟部分）

其中，自然的虚拟部分包括：环境污染导致环境质量降低造成的损失、自然资源退化与社会经济发展匹配不均衡造成的损失、生

态系统质量持续性退化和生态系统功能部分或全部丧失所造成的损失、自然灾害造成的损失（灾害成本）、资源稀缺引发的成本上升、物质和能量的不合理利用造成的损失、环境系统、资源系统、生态系统的修复成本。人文虚拟部分包括：疾病和公共卫生条件恶化所造成的损失、失业造成的损失、犯罪所造成的损失、教育水平低下和文盲人口增加所造成的损失、人口数量失控所造成的损失、管理与决策失误所造成的损失等。这似乎确实是一种非常完善的绿色 GDP 算法。然而，在实际测算中，这种绿色 GDP 又无所不包，从而无法得到真正实践，最终将绿色 GDP 陷于海市蜃楼。

为此，在本次研究中，课题组试图基于已有学者的研究中对绿色 GDP 的界定之核心共识，重新厘定绿色 GDP。一方面，本课题组对 GDP 增长中的资源损耗和环境损耗作了更为细致的划分，使其测算值绿化程度更高。另一方面，课题组充分考虑了绿色 GDP 测算及其绩效评估的现实可操作性，尤其是重点考虑了"绿色 GDP 核算"与"绿色 GDP 绩效评估"的差异性。本研究并不是"绿色 GDP 核算"的替代品，并不苛求暂时无法实现的"大而全"，而是把绿色 GDP 看作绿色发展的一种价值追求和改变发展方式指挥棒，重点关注当前 GDP 绩效评估局限中的关键痛点，以及亟待解决的资源消耗、环境损耗和生态损耗问题。因此，本报告中的绿色 GDP 可以简要表达如下：

$$\mathrm{GGDP} = \mathrm{GDP} - \mathrm{Cene} - \mathrm{Denv} - \mathrm{Leco}$$

其中，GGDP：Green Gross Domestic Product

GDP：Gross Domestic Product

Cene：energy consumption

Denv：environmental depletion

Leco：ecological loss

即，绿色 GDP = 该地区国民生产总值—能源消耗—环境损耗—生态损耗

特别需要说明的是，这个表达式表面上全是“减法”，但实质上有“加法”。各种损耗凡属符合国家发展指向的正常消耗指标，课题组并不予以扣除，这实际上是做了“加法”，而非单一的“减法”。在这个意义上，本报告的绿色 GDP 其测算值，即非扩大化的绿色 GDP，也非过去一般意义的 EDP，可以算得上是目前最为严格意义又符合我国国家发展指向的绿色 GDP。

在上述基本算法中，从实物量到价值量的换算一直是绿色 GDP 核算与绩效评估的难点。在本次研究中，课题组参考了大量文献，经过多次研讨和反复试算，最终采用了 SEEA 推荐的市场价格法实现实物量到价值量的换算。这种方法的最大诟病在于资源定价难以达成共识。为保证本次研究结果的客观性，本项研究中所涉及任何自然资源、环境损失、生态损失的定价都采用了国家发展和改革委员会、中国物价统计年鉴中等权威机构公开发布的数据来进行测算。这既与 GDP 本身的测算策略保持了相对一致，又用同一个尺度来评价不同对象，最大限度保证了其结果的科学性、公平性。

2. 绿色 GDP 绩效评估的指标编制

本次绿色 GDP 绩效评估的指标体系编制，采用了与已有绿色

GDP 理论研究不同的研究思路。绿色 GDP 这一概念的提出本身是不断发展的过程，其概念内涵也是在学者们不断努力的探索中，逐渐得到丰富和明晰的。近一个世纪以来，各专家学者对绿色 GDP 的伟大贡献之一就是使今天的人们对绿色 GDP 有了明确的界定。这既是过去的绿色 GDP 研究者不具备的有利条件，也是后来研究者有可能构建新的绿色 GDP 核算理论和基础框架的逻辑新起点。

为此，本课题组根据最为严格意义上的“绿色 GDP”定义，结合我国相关统计学、能源学等学科的研究成果对能源的分类办法，以及我国长期形成的、可供采用的统计学实践数据，构建了基础数据统计与评价指标体系（表 2—1）、绿色 GDP 绩效评估所需的 3 个一级指标，11 个二级指标，52 个三级指标构成的统计与评价指标体系（表 2—2）；构建了 GDP 增长中各种损耗的 45 个分行业统计与评价指标体系（表 2—3），然后对 GDP 增长中的各种损耗进行分行业的统计与评价，从而构建出不同于以往类似研究中的从上到下垂直的线性指标体系，而是提出了新的“矩阵型”的二维指标体系，最终形成了可以直接使用的 10 个统计与评价数据采集表单。

表 2—1　　　　基础数据统计与评价指标体系

序号	指　　标
1	国内生产总值
2	常住人口数量
3	第一产业生产总值
4	第二产业生产总值
5	第三产业生产总值

表 2—2　　绿色 GDP 绩效评估三级统计与评价指标体系

序号	一级指标	二级指标	三级指标
1	能源消耗	煤类	原煤
2			无烟煤
3			炼焦烟煤
4			一般烟煤
5			褐煤
6			洗精煤
7			其他洗煤
8			煤制品
9			焦炭
10			其他焦化产品
11			其他煤制品
12		燃气类	焦炉煤气
13			高炉煤气
14			转炉煤气
15			发生炉煤气
16			气态天然气
17			液态天然气
18			煤田煤层气
19			其他类天然气
20		燃油类	原油
21			汽油
22			煤油
23			柴油
24			燃料油
25			其他油类
26		其他能源消耗	其他能源消耗
27	环境损耗	废水类污染排放	生活污水排放
28			工业废水排放
29			其他类废水排放

续表

序号	一级指标	二级指标	三级指标
30	环境损耗	废气类污染排放	二氧化硫排放
31			氮氧化物排放
32			其他类废气排放
33		固态污染物排放	烟粉尘排放
34			生活垃圾排放
35			一般工业固体废物排放
36			其他固体垃圾排放
37		其他类环境损失	其他类环境损失
38	生态损耗	基础类生态损耗	耕地
39			草地
40			湿地
41			其他类土地
42			地表水
43			地下水
44			其他类淡水
45			其他类非生物类损耗
46		生物类损耗	陆生生物损耗
47			水生生物损耗
48			其他类生物损耗
49			森林损耗
50			其他绿色植被
51			其他生物类
52		其他生态损耗	其他生态损耗

表 2—3　GDP 增长中各种损耗的分行业统计与评价指标体系

序号	行业大类	行业分类
1	采矿业	煤炭开采和洗选业
2		石油和天然气开采业

续表

序号	行业大类	行业分类
3	采矿业	黑色金属矿采选业
4		有色金属矿采选业
5		非金属矿采选业
6		开采辅助活动
7		其他采矿业
8	制造业	农副食品加工业
9		食品制造业
10		酒、饮料和精制茶制造业
11		烟草制品业
12		纺织业
13		纺织服装、服饰业
14		皮革、毛皮、羽毛及其制品和制鞋业
15		木材加工和木、竹、藤、棕、草制品业
16		家具制造业
17		造纸和纸制品业
18		印刷和记录媒介复制业
19		文教、工美、体育和娱乐用品制造业
20		化学原料和化学制品制造业
21		医药制造业
22		化学纤维制造业
23		橡胶和塑料制品业
24		非金属矿物制品业
25		黑色金属冶炼和压延加工业
26		有色金属冶炼和压延加工业
27		金属制品业
28		通用设备制造业
29		专用设备制造业
30		汽车制造业
31		铁路、船舶、航空航天和其他运输设备制造业

续表

序号	行业大类	行业分类
32	制造业	电气机械和器材制造业
33		计算机、通信和其他电子设备制造业
34		仪器仪表制造业
35		其他制造业
36		废弃资源综合利用业
37		金属制品、机械和设备修理业
38	电、热、燃气、水供应业	电力、热力生产和供应业
39		燃气生产和供应业
40		水的生产和供应业
41		其他行业
42	农林牧渔业	农业
43		牧业
44		渔业
45	其他非上述行业	其他非上述行业

3. 绿色 GDP 绩效评估的湖北数据

根据课题组编制的绿色 GDP 绩效评估“矩阵”统计与评价体系，每完成一个地区单年度的绿色 GDP 绩效评估就需要采集 5 个基础数据，1170 个能源消耗数据，495 个环境损失数据，675 个生态损耗数据，共计 2345 个实物量数据。将其换算为价值量时又涉及一一对应的不同定价和转换系数，则共 7035 个数据。为了准确反映湖北绿色 GDP 发展状况，确保分析结果最大限度反映湖北省经济社会发展的实际情况，本次数据采集突显了以下特色：第一，不使用任何源自学术专著、论文等纯粹学理性的研究性数据。第二，不使用任何非公开数据。为此，课题组经过查询大量数据并进行实地调研，本次研究课题组共实际采集到湖北省 17 个地区 2008 年到 2014 年的 418710 个数据。其中，2014 年度的数据最为完整，共采集到了 60095 个有效数据。

湖北省统计局为课题组提供了湖北省各地区 2008 年至 2014 年度各行业的能源消耗实物量数据。湖北省环保厅为课题组提供了湖北省各地区 2014 年的环境损失实物量数据。其余数据均来自于 2008 年至 2015 年的《湖北统计年鉴》、湖北省各市州《国民经济和社会发展统计公报》《中国统计年鉴》《中国能源统计年鉴》《中国价格统计年鉴》《中国物价年鉴》国家发展和改革委员会数据简报，以及课题组对湖北省相关环保企业行业协会等参与经济运行的第三方直接调研数据。

为了保证本次研究在处理数据时，能够克服数据量大、类型繁杂、运算复杂所带来的人为因素干扰，客观呈现结果，课题组还专门开发了“绿色发展科研平台”。它是课题组严格根据绿色 GDP 概念内涵以及在 2015 年提出的绿色 GDP 矩阵算法而产生的计算机程序化、实体化成果。该软件平台采用了目前最为流行的 Java 语言，结合最先进的 SQL 数据库技术，运用 28 个基础算法和若干个计算机程序运行所必需的程序算法，实现了除原始数据外，其他过程均由上十万条程序语句自动完成计算、无人干预的跨平台大数据处理。其结果的呈现采用了既适合于专业人士深度分析，又适合于非专业人士快速理解其意义的柱形图、曲线图呈现方式，非常直观地展现了运算结果。

三　2014 年度湖北省绿色 GDP 绩效结果

1. 2014 年湖北省地市州发展绩效综合排名

多层面呈现湖北省绿色 GDP 绩效，是客观反映湖北省各地区绿色发展状况的重要方式。为此，课题组经过大量的数据处理，得出了 2014 年湖北省 17 个不同地市州的绿色 GDP、人均 GDP 和绿色发展指数结果，完成了 2014 年湖北省 17 个地市州绿色发展绩效综合排名、2014 年湖北省 17 个地市州 GDP 绩效排名、2014 年湖北省 17 个地市州人均 GDP 绩效排名、2014 年湖北省 17 个地市州绿色 GDP 绩效排名、2014 年湖北省 17 个地市州人均绿色 GDP 绩效排名，以及 2008 年至 2014 年湖北省 17 个地市州绿色发展指数年度变化曲线图，共计 35 个数据表，42 个数据分析图。

本研究报告限于篇幅，只提供 2014 年湖北省 17 个地市州绿色发展绩效综合排名、2014 年湖北省 17 个地市州 GDP 绩效排名、

2014 年湖北省 17 个地市州人均 GDP 绩效排名、2014 年湖北省 17 个地市州绿色 GDP 绩效排名、2014 年湖北省 17 个地市州人均 GDP 绩效排名、2008 年至 2014 年湖北省 17 个地市州绿色发展指数年度变化曲线图所直接涉及的 5 个数据表，23 个结果性分析图。如需更为详尽的资料，可与本课题组组长欧阳康教授联系。

2014 年湖北省 17 个地市州绿色发展绩效综合排名，是选取 2014 年湖北省 17 个地市州公开发布的 GDP、人口数量，然后计算出人均 GDP、绿色 GDP、人均绿色 GDP、绿色发展指数 5 个结果，直接合成的“2014 年度湖北省绿色 GDP 绩效综合排名”。为保证该排名的客观性，本次排名不涉及任何形式的权重，仅仅在于客观呈现测算结果。因此，该综合排名只是上述 5 个指标的直接呈现。

2014 年湖北省 17 个地市州 GDP 绩效排名，是选取 2014 年湖北省 17 个地市州公开发布的 GDP 数据，利用“绿色发展科研平台”专用软件直接合成该排名。未经任何后期数据更改。

2014 年湖北省 17 个地市州人均 GDP 绩效排名，是选取 2014 年湖北省 17 个地市州公开发布的 GDP、常住人口数量数据，利用“绿色发展科研平台”专用软件合成直接合成该排名。其计算公式为：人均国内生产总值 = 国内生产总值（GDP）/ 常住人口数量。

2014 年湖北省 17 个地市州绿色 GDP 绩效排名，是选取 2014 年湖北省 17 个地市州公开发布的 GDP、人口数量，以及该地区 GDP 增长中 45 个不同国民经济行业在能源消耗、环境损失和生态损耗方面 52 个指标，共计 60095 个有效数据，利用“绿色发展科研平台”专用软件经过大量数据处理得出的结果。其基本算法为：GGDP = GDP - Cene - Denv - Leco，即，绿色 GDP = 该地区国民生产总值—

能源消耗—环境损耗—生态损耗。

2014 年湖北省 17 个地市州人均绿色 GDP 绩效排名，是选取 2014 年湖北省 17 个地市州公开发布的常住人口数量，利用“绿色发展科研平台”专用软件经过大量数据处理得出的结果。其基本算法为：人均绿色 GDP = 绿色国内生产总值（GDP）/ 常住人口数量。

2014 年湖北省 17 个地市州绿色发展绩效指数排名，是直接选取 2014 年湖北省 17 个地市州公开发布的 GDP，利用“绿色发展科研平台”专用软件经过大量数据处理得出的结果。其基本算法为：绿色发展绩效指数 = 绿色国内生产总值（GDP）/ 国内生产总值（GDP）。它是反映该地区绿色发展程度和某地区绿色发展空间的重要指标。

2008 年至 2014 年湖北省 17 个地市州绿色发展指数年度变化曲线图，是选取 2008 年至 2014 年湖北省 17 个地市州公开发布的 GDP、人口数量，以及湖北省 17 个地市州在 2008 年至 2014 年的 GDP 增长中，各地区 45 个不同国民经济行业在能源消耗、环境损失和生态损耗方面的 52 个指标，共计 418710 个有效数据，利用“绿色发展科研平台”专用软件经过大量数据处理得出的结果。该数据不仅能够客观反映该地区在 2008 年至 2014 年的绿色发展程度，而且能够较好地客观预测该地区绿色发展水平变化的可能趋势，对该地区的绿色发展规划和具体政策制定具有重要的参考价值。

从上图中，我们可以看到，湖北省绿色发展综合绩效呈现“三分天下”的基本局面。武汉地区在湖北省绿色发展综合绩效阵列中稳居第一。无论是 GDP、人均 GDP 还是绿色 GDP、人均 GDP、绿色发展指数，武汉地区都名列第一；宜昌、襄阳紧随其后，这 3 个

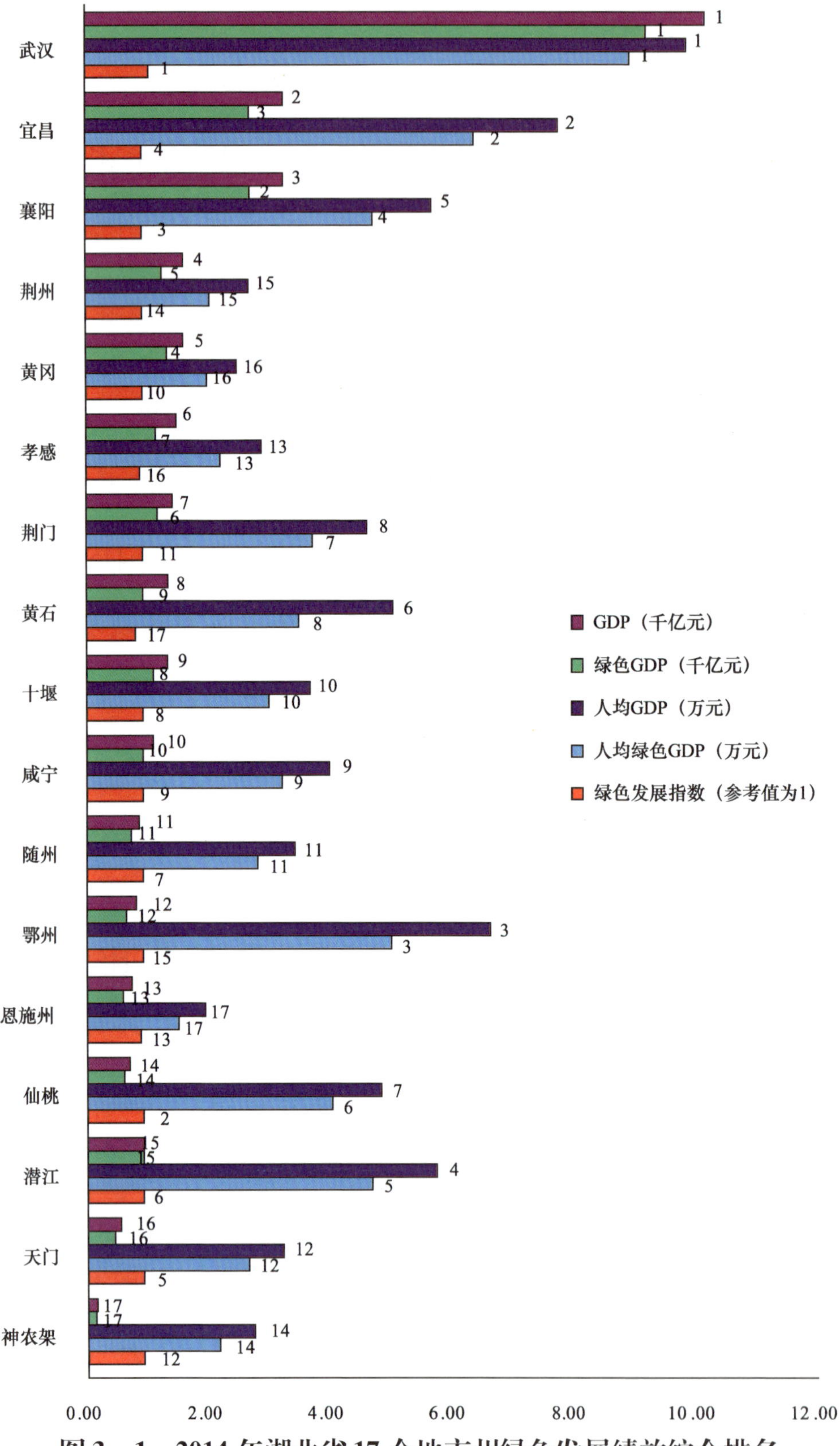

图 3—1　2014 年湖北省 17 个地市州绿色发展绩效综合排名

说明：柱形图上所标注数字即为该指标的排名。

地区基本上处于湖北省绿色发展综合绩效的第一阵列。荆州、黄冈、孝感的 GDP、绿色 GDP 排名靠前，但其人均 GDP、人均绿色 GDP 却明显靠后。黄石、荆门、十堰、咸宁、鄂州、仙桃、潜江均有指标排名位列前十，这 10 个地区可谓是湖北省绿色发展综合绩效的第二阵列。恩施、天门、神农架、随州无论是 GDP、人均 GDP 还是绿色 GDP、人均 GDP、绿色发展指数排名都名列十位之后，大致可谓是湖北省绿色发展综合绩效的第三阵列。

2. 2014 年湖北省地市州 GDP 绩效排名

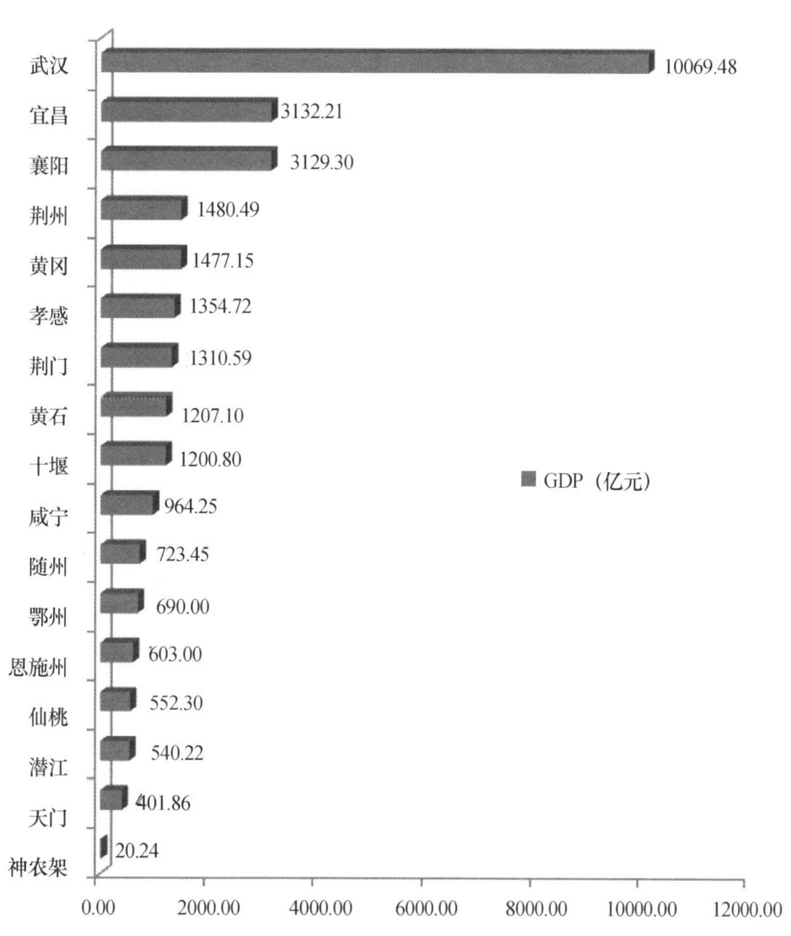

图 3—2　2014 年湖北省 17 个地市州 GDP 绩效排名

表 3—1　　2014 年湖北省 17 个地市州 GDP 数据表

排名	地区	数值（亿元）
1	武汉	10069. 48
2	宜昌	3132. 21
3	襄阳	3129. 30
4	荆州	1480. 49
5	黄冈	1477. 15
6	孝感	1354. 72
7	荆门	1310. 59
8	黄石	1207. 10
9	十堰	1200. 80
10	咸宁	964. 25
11	随州	723. 45
12	鄂州	690. 00
13	恩施州	603. 00
14	仙桃	552. 30
15	潜江	540. 22
16	天门	401. 86
17	神农架	20. 24

GDP 是 20 世纪以来评价某地区经济发展的重要指标。从图 3—2、表 3—1 中，我们可以看到 2014 年湖北省 GDP 指标中，武汉地区在湖北经济社会发展中独占鳌头，进入了万亿俱乐部，其 2014 年武汉地区的 GDP 总值是 10069. 48 亿元，与第二名的宜昌相差近 7000 亿元，是宜昌 GDP 的 3 倍之多，是神农架 GDP 的 500 倍。宜昌、襄阳、荆州、黄冈、孝感、荆门、黄石、十堰 8 个地区进入了千亿俱乐部。咸宁、随州、鄂州、恩施州、仙桃、潜江、天门 7 个地区仍在百亿元徘徊，而处于最后一名的神农架 GDP 则仅有 20. 24 亿元，离百亿元都相

差甚远。这都表明，湖北省 17 个地区的经济社会发展差距仍十分大，推进协调发展的任务仍十分艰巨，任重道远。

3. 2014 年湖北省地市州人均 GDP 绩效排名

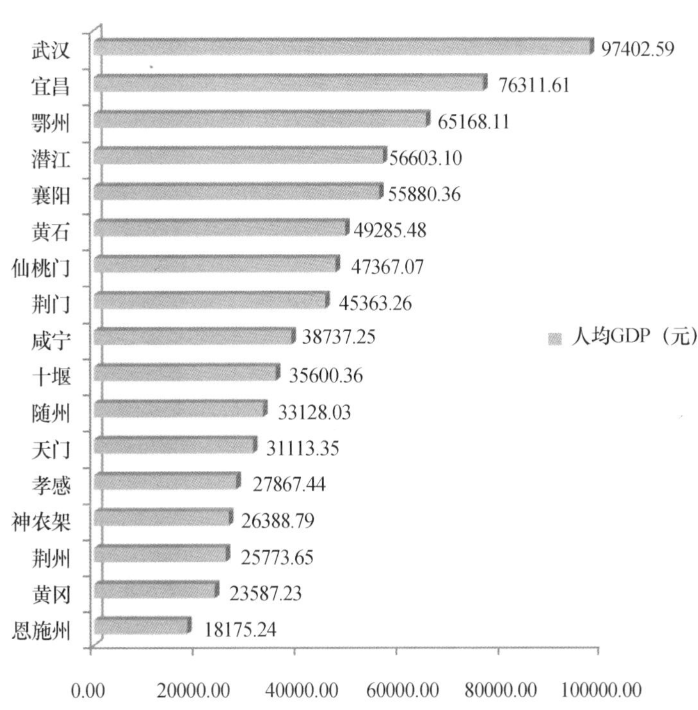

图 3—3　2014 年湖北省 17 个地市州人均 GDP 绩效排名

表 3—2　　2014 年湖北省 17 个地市州人均 GDP 数据表

排名	地区	数值（元）
1	武汉	97402. 59
2	宜昌	76311. 61
3	鄂州	65168. 11
4	潜江	56603. 10
5	襄阳	55880. 36

续表

排名	地区	数值（元）
6	黄石	49285.48
7	仙桃	47367.07
8	荆门	45363.26
9	咸宁	38737.35
10	十堰	35600.36
11	随州	33128.03
12	天门	31113.35
13	孝感	27867.44
14	神农架	26388.79
15	荆州	25773.65
16	黄冈	23587.23
17	恩施州	18175.24

从上述图 3—3、表 3—2 可以看出，2014 年湖北省 17 个地市州的人均 GDP 差异并不如各地市州的 GDP 差异那么明显。从整体上看，湖北省 17 个地市州人均 GDP 排名中相邻位次的绝对值差异并不大，最多相差 21090.98 元。武汉地区的人均 GDP 以 97402.59 元在湖北省排名第一，而恩施州则以 18175.24 元排名末位。排名第一位的武汉地区人均 GDP 是排名末位的恩施州人均 GDP 的 5 倍。这表明，排名最后几位的恩施、黄冈、荆州等地区仍可能需要大幅度加强地方经济社会发展的改革，在保持人口正常增长的前提下，重整经济发展动力，激发经济活力，提高经济效益。

4. 2014 年湖北省地市州绿色 GDP 绩效排名

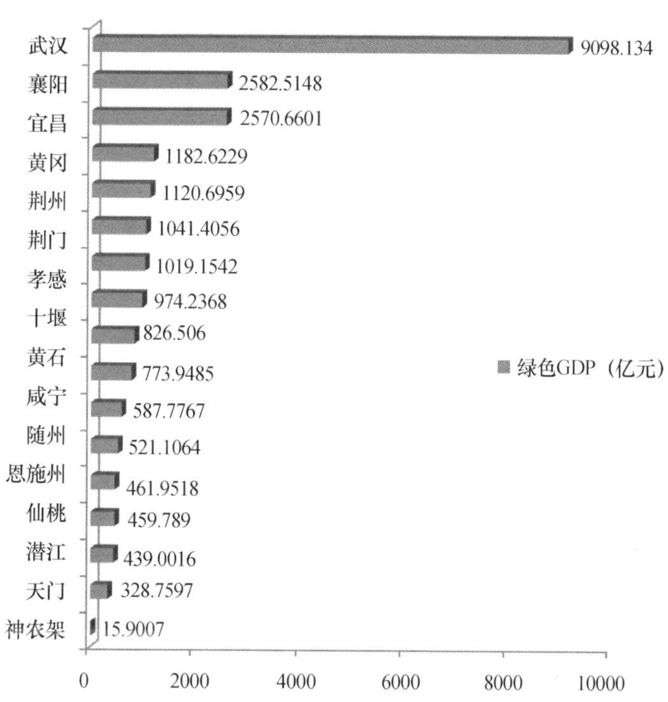

图 3—4　2014 年湖北省 17 个地市州绿色 GDP 绩效排名

表 3—3　　2014 年湖北省 17 个地市州绿色 GDP 数据表

排名	地区	数值（元）
1	武汉	9098. 134
2	襄阳	2582. 5148
3	宜昌	2570. 6601
4	黄冈	1182. 6229
5	荆州	1120. 6959
6	荆门	1041. 4056
7	孝感	1019. 1542

续表

排名	地区	数值（元）
8	十堰	974.2368
9	黄石	826.506
10	咸宁	773.9485
11	随州	587.7767
12	鄂州	521.1064
13	恩施州	461.9518
14	仙桃	459.789
15	潜江	439.0016
16	天门	328.7597
17	神农架	15.9007

绿色 GDP 是扣除某地区的能源消耗、环境污染和生态损耗之后的发展净值。从上述图 3—4、表 3—3 中的数据可以看出，2014 年湖北省 17 个地市州的绿色 GDP 绝对值排名中，武汉地区虽然已经扣减了 971.346 亿元，依然以 9098.134 亿元雄踞榜首。而其他地区因为其 GDP 规模相对较小，各方面的消耗也相对较少。在参与排名的 17 个地市州中，绝大部分地区的排名位次并没有根本上的改变基本维持了在 GDP 排名中的名次。但宜昌地区在 GDP 排名中是第 2 名，而在绿色 GDP 排名中则被紧随其中的襄阳超越；荆州地区则被紧随其后的黄冈超越；孝感则被紧随其后的荆门超越；黄石则被紧随其后的十堰超越。这表明，经济总量相近的地区间，GDP 的差距并不足以抵消各种消耗带来的消极影响。

5. 2014 年湖北省地市州人均绿色 GDP 绩效排名

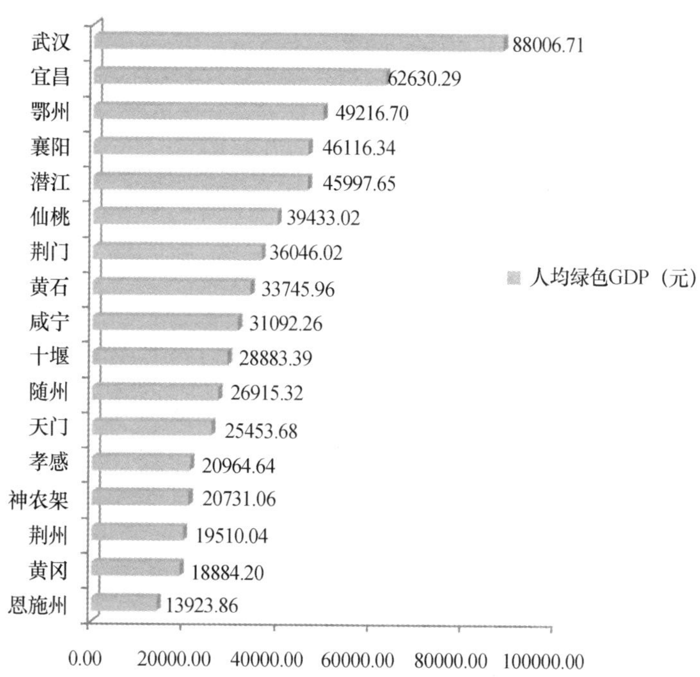

图 3—5　2014 年湖北省 17 个地市州人均绿色 GDP 绩效排名

表 3　4　　2014 年湖北省 17 个地市州人均绿色 GDP 数据表

排名	地区	数值（元）
1	武汉	88006. 71
2	宜昌	62630. 29
3	鄂州	49216. 70
4	襄阳	46116. 34
5	潜江	45997. 65
6	仙桃	39433. 02
7	荆门	36046. 02

续表

排名	地区	数值（元）
8	黄石	33745.96
9	咸宁	31092.26
10	十堰	28883.39
11	随州	26915.32
12	天门	25453.68
13	孝感	20964.64
14	神农架	20731.06
15	荆州	19510.04
16	黄冈	18884.20
17	恩施州	13923.86

从上述图 3—5、表 3—4 中的数据可以看出，2014 年湖北省 17 个地市州的人均绿色 GDP 绝对值排名中，从整体上看，湖北省 17 个地市州人均绿色 GDP 排名中相邻位次的绝对值差异并不大，最多相差 25376.42 元。武汉地区的人均绿色 GDP 以 88006.71 元在湖北省排名第一，而恩施州则以 13923.86 元排名末位。但是，值得注意的是，排名第一位的武汉地区人均 GDP 是排名末位的恩施州人均 GDP 的 6 倍之多。这一差距要比以人均 GDP 来测量时多出 1 倍的差距。这表明，加速经济发展方式的转型，提升经济发展质量，仍是实现绿色发展的首选，而不是固守生态保护而放缓发展速度，甚至不发展。

6. 2014 年湖北省地市州绿色发展指数排名

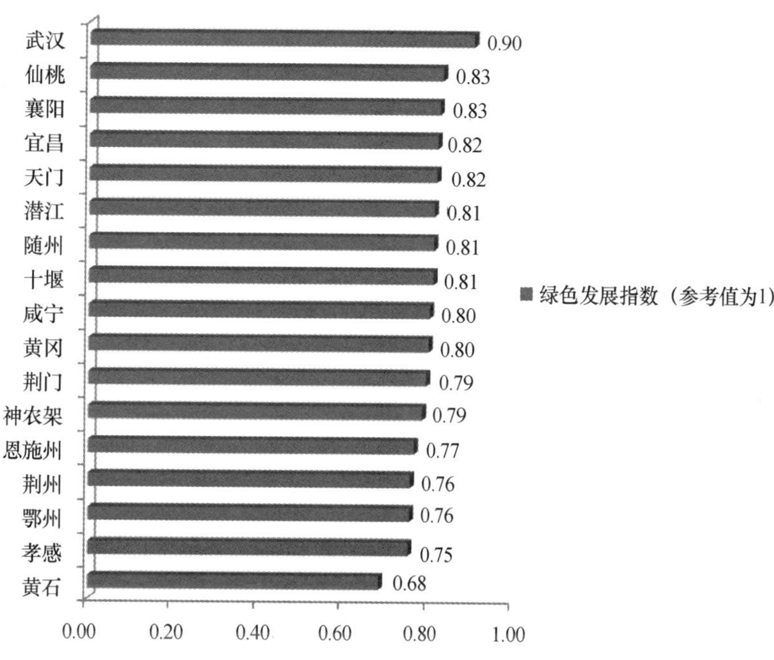

图 3—6　2014 年湖北省 17 个地市州绿色发展指数排名

表 3—5　　2014 年湖北省 17 个地市州绿色发展指数数据表

排名	地区	数值（参考值为 1）
1	武汉	0. 90
2	仙桃	0. 83
3	襄阳	0. 83
4	宜昌	0. 82
5	天门	0. 82
6	潜江	0. 81
7	随州	0. 81
8	十堰	0. 81
9	咸宁	0. 80
10	黄冈	0. 80
11	荆门	0. 79

续表

排名	地区	数值（参考值为 1）
12	神农架	0.79
13	恩施州	0.77
14	荆州	0.76
15	鄂州	0.76
16	孝感	0.75
17	黄石	0.68

绿色发展发展指数是衡量某地区绿色发展程度和空间的重要指标。从上述图 3—6、表 3—5 中可以看到，2014 年湖北省 17 个地市州的绿色发展水平呈明显的正态分布。武汉地区以 0.90 高居第一位，紧随其后的是仙桃、襄阳；处于末三位的是鄂州、孝感和黄石。在湖北省 17 个地市州中，有 1 个地区绿色发展指数达到了 0.90；9 个地区绿色发展指数分布于 0.80 至 0.89 间；6 个地区绿色发展指数分布于 0.70 至 0.79 间；1 个地区绿色发展指数分布于 0.60 至 0.69 之间。尤其是黄石等地区，其 GDP、人均 GDP、绿色 GDP、人均绿色 GDP 的排名均靠前，但其绿色发展指数却处于末位。这表明，鄂州、黄石等类似地区虽然已经创造了较高的经济增长速度，但其高消耗的经济发展方式并没有从根本上得以改变，其绿色转型发展还有很大空间。

7. 2008 年至 2014 年湖北省 17 个地区绿色发展指数年度变化

武汉地处江汉平原东部，是湖北省省会城市、国家历史文化名城。武汉是我国中部地区重要的综合交通枢纽，交通便利，素有“九省通衢”之称，市内江河纵横、湖港交织，全境水域面积 2217.6 平方公里，占全市总面积的四分之一，构成了滨江滨湖交相辉映的水域生态环境，水域面积占比居中国大城市之首，因此武汉自古又称江城。武汉矿产资源种类多、储量大。目前，全市共发现矿藏 38 种，其中已探明储量的矿种有 24 种（不含地下水），占全省已探明储量矿种的 30.38%。累计探明储量 96125.65 万吨，保有矿产储量 79829.75 万吨。其中，非金属矿产资源中膨润土、冶金白云岩、玻璃石英砂岩的储量居全省首位，石膏的储量规模居全省的第三位。截止到 2014 年底，武汉市下辖 13 个市辖区，3 个国家级开发区，总面积 8594 平方公里，全市常住人口 1060.77 万。武汉教育科研资源丰富，在汉高等院校达 98 所，其中普通高校和本科院校数仅次于北京，居中国第二；教育部直属全国重点大学数量居全国第三；在校大学生和研究生总数 118 万人，居全国第一，拥有十分丰富的人力资源。

武汉还是中国重要的工业基地，拥有完备的钢铁、汽车、光电子、化工、冶金、纺织、造船、制造、医药等工业体系。近年来，武汉地区生产总值已突破万亿元大关，经济总量居中国大陆城市第八位。第一、二、三产业均呈现出良好的发展势头。“十三五”期间，武汉经济社会的发展目标是：牢固树立创新、协调、绿色、开放、共享发展理念，坚持“四个全面”战略布局，坚持发展是第一要务，坚持“竞进提质、升级增效，以质为帅、量质兼取”工作方针，积极主动适应引领新常态，统筹推进经济建设、政治建设、文化建设、社会建设、生态文明建设，系统推进国家全面创新改革试验，加快建设具有全球影响力的产业创新中心，全力打造经济、城市、民生“三个升级版”，率先全面建成小康社会，巩固全国城市综合经济实力第一方阵地位，力争进入第一梯队，为建设国家中心城市、复兴大武汉奠定坚实基础。

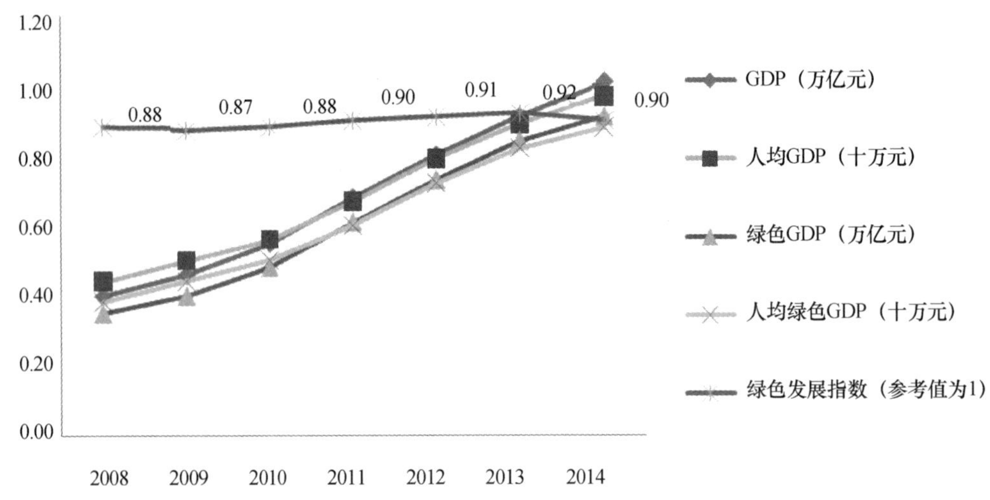

图 3—7　2008 年至 2014 年湖北省武汉地区绿色发展综合绩效年度变化曲线图

表 3—6　2008 年至 2014 年湖北省武汉地区绿色发展综合绩效年度变化数据表

年度	GDP（万亿元）	人均 GDP（十万元）	绿色 GDP（万亿元）	人均绿色 GDP（十万元）	数值（参考值为 1）
2008	0.40	0.44	0.35	0.38	0.88
2009	0.46	0.50	0.40	0.44	0.87
2010	0.55	0.56	0.48	0.50	0.88
2011	0.68	0.67	0.61	0.60	0.90
2012	0.80	0.79	0.73	0.72	0.91
2013	0.91	0.89	0.84	0.82	0.92
2014	1.01	0.97	0.91	0.88	0.90

武汉地区的 GDP、人均 GDP、绿色 GDP、人均绿色 GDP 数据较大，故课题组采用了较大的计量单位以便能够在同一纵坐标轴中显示其结果。从武汉地区 2008 年至 2014 年的绿色发展综合绩效年度变化曲线图及其数据可以看出，武汉地区在 2008 年至 2014 年间的绿色发展指数一直处于相对理想的高位运行。在 2008 年至 2014 年间，武汉地区的 GDP、人均 GDP、绿色 GDP、人均绿色 GDP 均处于较为稳定的增长趋势，但是 2011 年、2012 年是个重要分界点。2011 年、2012 年武汉地区的 GDP、人均 GDP、绿色 GDP、人均绿色 GDP 增速明显高于其他年份。其中，2011 年是武汉地区 GDP、人均 GDP、绿色 GDP、人均绿色 GDP 增速高峰年，其 GDP 增速为 23.64%、人均 GDP 增速为 19.64%、绿色 GDP 增速为 27.08%、人均绿色 GDP 增速为 20%。而在 2013 年、2014 年，该地区的 GDP、人均 GDP、绿色 GDP、人均绿色 GDP 增速明显放缓。

宜昌古称夷陵，位于湖北省西部，地处长江中上游结合部，鄂西秦巴山脉和武陵山脉向江汉平原的过渡地带，渝鄂湘三省市交汇地，上控巴蜀、下引荆襄，以“三峡门户”“川鄂咽喉”著称。自古以来，宜昌就是鄂西、湘西北和川（渝）东一带重要的物资集散地和交通要道，具有深厚的文化底蕴和优美的自然风光，被誉为“世界四大文化名人”之一的屈原和被称为“中国古代四大美人”之一的王昭君都出生在古宜昌境内。宜昌还是举世瞩目的长江三峡工程所在地、湖北省省域副中心城市和国家园林城市。截至 2014 年底，全市共辖五县三市五区（远安县、兴山县、秭归县、长阳土家族自治县、五峰土家族自治县）、三个县级市（宜都市、当阳市、枝江市）、五区（夷陵区、西陵区、伍家岗区、点军区、猇亭区），国土面积 2.1 万平方公里，2015 年末全市常住人口 411.5 万人，户籍人口 398.18 万人。

新中国建立后，国家在这里兴建了一批重点企业，使宜昌成为鄂西湘北渝东区域的经济中心。1994 年宜昌被国务院批准为沿江开放城市，并被列入长江三峡经济开放区。在长江经济带中，宜昌东接武汉，西连重庆，是东部发达的经济科技与西部丰富资源的结合部，是国家实施西部大开发战略由中线进入西部的起点，是西部大开发的“东大门”，也是湖北“大三角”战略的一个重要支撑点。“十二五”末，宜昌三次产业结构调整为 11∶59∶30，产业结构更趋合理，特色农业、精细化工、食品生物医药、先进装备制造、现代物流等得到了极大发展，全市经济运行保持“稳中有升、稳中有进、稳中有转”的良好态势，延续“高于全国全省、领先中部沿江”的竞进势头。但宜昌综合实力与省域副中心城市的定位还有一定差距；新旧动能尚未实现真正转换，资源环境约束加剧，经济提质增效扩量面临较大压力；制约经济社会发展的一些体制机制障碍依然存在；区域协调发展、城乡统筹发展的任务还很艰巨；生态建设和环境治理、民生改善和公共服务水平与群众期盼还有不小差距。

“十三五”期间宜昌经济社会发展的总目标是：加快建设湖北省域副中心城市、三峡城市群中心城市、长江中上游区域性中心城市，加快建设国家创新创业示范城市、国家生态文明建设先行示范城市、国家产业转型升级示范城市、长江流域区域开放合作示范城市和世界水电旅游名城，确保在全省率先全面建成小康社会、率先实现精准脱贫，综合实力进入中西部和长江沿线同等城市前列，进入全国城市 50 强，为建成“既大又强、特优特美”的现代化特大城市打下决定性基础。到 2020 年，力争生产总值、城乡居民人均可支配收入在 2015 年基础上翻一番；地方公共财政预算收入突破 500 亿元；固定资产投资突破 7000 亿元；规模工业总产值突破 1 万亿元；社会消费品零售总额突破 2000 亿元。

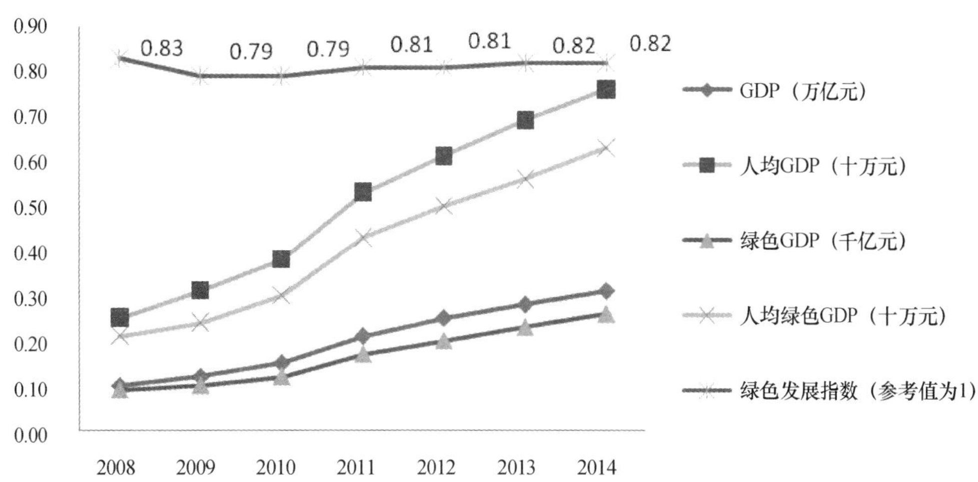

图 3—8　2008 年至 2014 年湖北省宜昌地区绿色发展综合绩效年度变化曲线图

表 3—7　2008 年至 2014 年湖北省宜昌地区绿色发展综合绩效年度变化数据表

年度	GDP（万亿元）	人均 GDP（十万元）	绿色 GDP（万亿元）	人均绿色 GDP（十万元）	数值（参考值为 1）
2008	0. 10	0. 25	0. 09	0. 21	0. 83
2009	0. 12	0. 31	0. 10	0. 24	0. 79
2010	0. 15	0. 38	0. 12	0. 30	0. 79
2011	0. 21	0. 53	0. 17	0. 43	0. 81
2012	0. 25	0. 61	0. 20	0. 50	0. 81
2013	0. 28	0. 69	0. 23	0. 56	0. 82
2014	0. 31	0. 76	0. 26	0. 63	0. 82

在此次研究中，为了能够在同一纵坐标轴中显示其结果，对宜昌的数据分析，课题组同样采用了同武汉地区一样的计量单位。从宜昌地区 2008 年至 2014 年的绿色发展综合绩效年度变化曲线图及其数据可以看出，宜昌地区在 2008 年至 2014 年间的绿色发展指数处于中高位运行。从整体上看，2011 年、2012 年宜昌地区的 GDP、人均 GDP、绿色 GDP、人均绿色 GDP 达到了增速高峰，2013 年、2014 年 4 个指标的增速均明显放缓。其中，2011 年是宜昌地区的 GDP、人均 GDP、绿色 GDP、人均绿色 GDP 增速高峰年。其 GDP 增速为 40.00%、人均 GDP 增速为 39.47%、绿色 GDP 增速为 41.67%、人均绿色 GDP 增速为 43.33%，这在全国可能也是极其少见的。令人欣喜的是，从 2013 年、2014 年开始，宜昌地区的绿色 GDP 增速开始逐渐超越 GDP 增速，并保持了较高速度的增长。

黄石位于湖北省东南部，长江中游南岸，历史悠久，是华夏青铜文化的发祥地之一。黄石 1950 年 8 月建市，是新中国成立后湖北省最早设立的两个省辖市之一，是武汉城市圈副中心城市，华中地区重要的原材料工业基地，也是国务院批准的沿江开放城市。黄石市区位优势明显，东北临长江，与黄冈市（浠水县、蕲春县、武穴市）隔江相望，北接鄂州市鄂城区，西靠武汉市江夏区、鄂州市梁子湖区，西南与咸宁市咸安区、通山县为邻，东南与江西省武宁县、瑞昌市接壤，武九铁路贯穿全境，并有大广、沪渝、福银、杭瑞四条高速公路交汇，还拥有国家一类水运口岸。截至 2014 年底，黄石市国土总面积 4583 平方公里，下辖 4 个市辖区、1 个县，代管 1 个县级市，设有 1 个国家级开发区。2014 年末，全市常住人口 244.92 万人。黄石市工业文化底蕴深厚，是近代中国民族工业的摇篮，工业基础较好，有“青铜故里”“钢铁摇篮”“水泥故乡”和“服装新城”之称。黄石市已形成冶金、建材、纺织等 14 个主导产业，拥有湖北地市首家保税区——黄石棋盘洲保税物流中心。

长期以来，资源型产业在黄石的经济结构中占据主导地位，导致该市产业结构单一，三大产业发展不协调。作为资源枯竭型城市，黄石十分重视经济结构的转型升级。黄石工业绿色转型发展实施方案已获国家工信部评审通过，黄石将继续加快传统工业转型，调整工业结构，同时培训新兴产业，抢抓全国首批区域工业绿色转型发展试点城市先机，在资源能源利用效率、污染排放水平、工业结构调整等领域取得突破性进展，在全国率先实现工业绿色转型发展，探索建立具有推广意义的转型路径和模式。黄石着眼于建设长江中游的特大型城市，着力打造“三基地一枢纽”，即全国重要的特钢和铜产品加工基地、中部地区先进制造业基地、区域性现代物流基地和综合交通枢纽。基于此，黄石坚持创新驱动发展战略，不断激发发展潜能。以振兴“黄石制造”为引擎，加快推进产业结构调整。大力发展先进制造业，做大做强传统产业，突破性发展现代服务业和现代农业，形成一批知名品牌和优势企业。以黄石新港为切入点，积极融入长江经济带。加速推进黄石新港建设，统筹实施阳新兴国、富池作业区综合码头工程。加快黄石花湖物流中心、黄石（大冶）罗桥物流园等项目建设，完善运输、仓储、配送等物流链条，加快形成以港口为依托的多式联运物流网络，努力把黄石建设成为鄂东区域性中心城市、长江经济带重要战略节点城市和国家生态文明先行示范区。

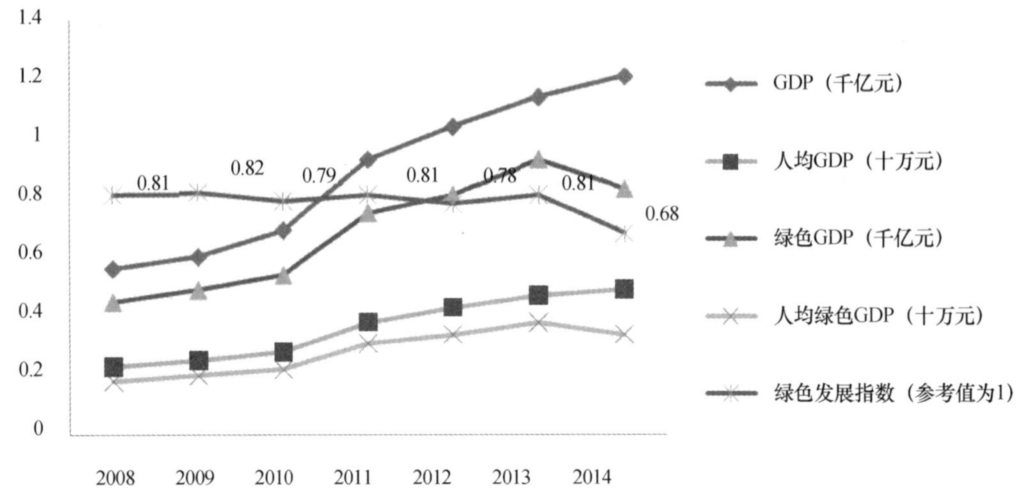

图 3—9　2008 年至 2014 年湖北省黄石地区绿色发展综合绩效年度变化曲线图

表 3—8　2008 年至 2014 年湖北省黄石地区绿色发展综合绩效年度变化数据表

年度	GDP（千亿元）	人均 GDP（十万元）	绿色 GDP（千亿元）	人均绿色 GDP（十万元）	数值（参考值为 1）
2008	0. 56	0. 23	0. 45	0. 18	0. 81
2009	0. 60	0. 25	0. 49	0. 20	0. 82
2010	0. 69	0. 28	0. 54	0. 22	0. 79
2011	0. 93	0. 38	0. 75	0. 31	0. 81
2012	1. 04	0. 43	0. 81	0. 34	0. 78
2013	1. 14	0. 47	0. 93	0. 38	0. 81
2014	1. 21	0. 49	0. 83	0. 34	0. 68

从黄石地区 2008 年至 2014 年的绿色发展综合绩效年度变化曲线图及其数据可以看出，黄石地区在 2008 年至 2014 年间的绿色发展指数相对偏低，并且出现了较大波动。其中，绿色发展指数最高值为 2009 年的 0. 82，最低值为 2014 年的 0. 68。考虑到 2008 年至 2013 年环境损失数据缺失所带来的影响，可以

预估的是，黄石的绿色发展指数整体情况应该比目前的平均值要低，预估值则应该在 0.70 左右徘徊。从整体上看，2011 年是黄石地区的 GDP、人均 GDP、绿色 GDP、人均绿色 GDP 增幅高峰年。其 GDP 为 0.93 千亿元，相比上一年增幅为 34.78%；人均 GDP 为 3.80 万元，相比上一年增幅为 35.71%；绿色 GDP 为 0.75 千亿元，相比上一年增幅为 38.89%；人均绿色 GDP 为 3.10 万元增幅为 40.91%。在 2008 年至 2014 的 7 个年份中，人均绿色 GDP 的增幅均超过了人均 GDP 增幅。其中，2009 年、2011 年、2013 年的绿色 GDP 增幅超过了当年的 GDP 增幅。值得注意的是，2014 年黄石地区的 GDP 增幅明显放缓，其绿色 GDP 增幅甚至出现了负增长，其增长率为 -10.53%。

十堰为湖北省辖市，十堰地名始于明朝，位于湖北省西北部，地处秦巴山区东部、汉江中上游地区，与河南西部、陕西南部、重庆东部 3 省市边境交界。东与湖北省襄阳市的保康、谷城、老河口 3 县市接壤，东北与河南省南阳市的淅川县相连，北与陕西省商洛市的商南、山阳、镇安 3 县相接，西与陕西省安康市的白河、旬阳、平利、镇坪 4 县毗邻，南与湖北省神农架和重庆市的巫溪县交界。大巴山东段逶迤于南，秦岭余脉屏障其北，汉江自西向东穿越全境，国土面积 23680 平方公里。独特的地理位置，使十堰地域自古有“南跨荆襄、北枕商洛、东抚南阳、西掖汉中”之誉，并“南船北马、川陕咽喉、四省通衢”之称。十堰境内旅游资源丰富，被誉为“天下第一仙山”的武当山列入联合国世界文化遗产名录（1994）。1949 年 5 月，十堰设立两郧专署，归陕南公署（今陕西省）管辖，1950 年 2 月重新划归湖北省管辖。1973 年 2 月，十堰市升格为地级市，为湖北省省辖市。1994 年 10 月，郧阳地区和十堰市合并，仍称十堰市。截至 2014 年底，十堰市现下辖 1 县级市（丹江口市）、4 县（郧西县、竹山县、竹溪县、房县）、4 区（茅箭区、张湾区、郧阳区、十堰经济开发区），全市常住人口 338.3 万人。

十堰是我国著名的汽车工业城市，1967 年，中央决定在十堰建设我国第二汽车制造厂，是汽车成就了十堰。经过多年的发展，十堰已基本形成汽车、水电、旅游、生态、冶金、化工、能源、纺织、建材、食品等门类多样、结构日趋合理的产业工业体系。汽车产业、水电产业、旅游产业、生态产业成为十堰经济发展的四大支柱产业。十堰是“中国第一、世界前三”的商用车生产基地，全市 500 多家整车及零部件生产企业，拥有近千亿元的制造业存量资产和年产 50 万辆汽车生产能力。2013 年初，十堰市委市政府再次强调提升城市品牌，打造“外修生态、内修人文”的理念作为十堰转型发展、科学发展的重大战略，强化生态环境的修复和保护，有力提升城市的人文境界。

十堰市委市政府制定的“十三五”期间的发展目标是：综合实力和人民生活跨上新台阶，地区生产总值年均增长 9%，地方公共财政预算收入年均增长 11%，全社会固定资产投资年均增长 15%，居民人均可支配收入达到 2.2 万元，产业迈向中高端水平，城乡发展更趋协调，发展空间格局更加优化，人民生活水平明显提高，贫困人口全部脱贫，贫困村全部出列，贫困县全部摘帽，在秦巴山片区率先脱贫；生态文明建设取得新成效，建成国家生态市和生态文明先行示范区；社会文明程度达到新水平，人民群众精神文化生活更加丰富；改革开放实现新突破，发展环境明显优化，创新创造活力竞相迸发；社会治理开创新局面，实现社会治理制度化和法治化。

为此，确立了全面推进创新发展，加快培育现代产业体系；全面推进协调发展，深化提升“一核多支点”战略格局；全面推进绿色发展，打造生态文明样板；全面推进开放发展，实现内外开放新突破；全面推进共享发展，着力增进民生福祉的发展路径。

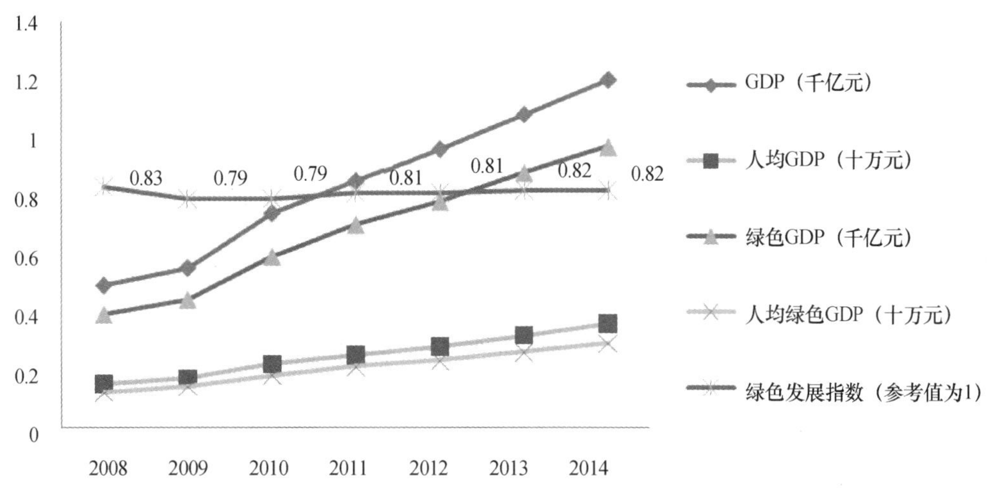

图 3—10　2008 年至 2014 年湖北省十堰地区绿色发展综合绩效年度变化曲线图

表 3—9　2008 年至 2014 年湖北省十堰地区绿色发展综合绩效年度变化数据表

年度	GDP（千亿元）	人均 GDP（十万元）	绿色 GDP（千亿元）	人均绿色 GDP（十万元）	数值（参考值为 1）
2008	0. 49	0. 15	0. 39	0. 12	0. 83
2009	0. 55	0. 17	0. 44	0. 14	0. 79
2010	0. 74	0. 22	0. 59	0. 18	0. 79
2011	0. 85	0. 25	0. 70	0. 21	0. 81
2012	0. 96	0. 28	0. 78	0. 23	0. 81
2013	1. 08	0. 32	0. 88	0. 26	0. 82
2014	1. 20	0. 36	0. 97	0. 29	0. 82

从十堰地区2008年至2014年的绿色发展综合绩效年度变化曲线图及其数据可以看出，十堰地区在2008年至2014年间的绿色发展指数始终在0.80上下波动，且变化幅度不大，最高值与最低值之间仅相差3个百分点。从整体上看，十堰地区在2008年至2014年间，其GDP、人均GDP、绿色GDP、人均绿色GDP处于相对稳定的增长。2010年是十堰地区GDP、人均GDP、绿色GDP、人均绿色GDP增速的高峰年。其GDP增速为34.55%、绿色GDP增速为29.41%、人均GDP增速为34.09%、绿色GDP增速为28.57%。其余年份的GDP、绿色GDP、人均GDP、绿色GDP四个指标的增速均保持了相对一致性，始终徘徊在13%左右，并未出现大的波动，发展态势较为稳定。

鄂州位于湖北省东部，长江中游南岸。西邻武汉，东接黄石，北望黄冈。鄂州历史悠久，帝尧时为“樊国”，夏时为“鄂都”，殷商时为“鄂国”，春秋战国时为楚鄂王封地，三国时孙权在此称帝。春秋战国时期，楚王熊渠分封其子熊红到鄂州为鄂王，修筑鄂王城，这也是湖北简称“鄂”的由来。鄂州市为湖北省第一批改革开放试验区，是长江中游著名的矿冶古城和手工业中心，又是古铜镜之乡，驰名中外的“武昌鱼”的原产于此。鄂州市素有“百湖之市”“鱼米之乡”等称号。鄂州是武汉城市圈成员城市之一，鄂东水陆交通枢纽之一，是湖北省第一批改革开放试验区。截至2014年底，鄂州市下辖鄂城、梁子湖、华容3区，全市总面积为1594平方公里，境内常住人口105.88万。

鄂州是鄂东“冶金走廊”“服装走廊”“建材走廊”的重要支撑，形成了以冶金、服装、建材、医药、化工、机械、电子、轻工为主体的门类齐全的工业体系，产业结构比较协调，产品布局比较合理，是湖北省重要的工业基地和鄂东的商品集散中心。鄂州矿藏资源丰富，具有发展冶金、机械、建材等产业的物质基础。当前，鄂州经济发展总量偏小、层次偏低，财政增收压力大，社会创新能力不强，开放程度不高，长期积累的社会结构性矛盾突出。

“十三五”期间，鄂州市经济社会的发展目标是：综合竞争力进一步增强，生产总值年均增长 9%，到 2020 年力争达到 1200 亿元，人均 GDP 突破 10 万元，全社会固定资产投资年均增长 15%，公共财政预算收入年均增长 12%；人民生活水平进一步提高，城乡居民人均可支配收入与经济同步增长，城乡公共服务均衡发展，贫困人口全部脱贫；社会文明程度进一步提升，市民科学文化素养和健康文明素质普遍增强；生态环境质量进一步改善，国家生态文明试验区创建取得突破，环境质量明显改善，全面完成省定节能减排目标；城市治理现代化进一步加快，城市宜居性增强，法治鄂州建设深入推进，各项改革任务如期完成。为此，鄂州制定了着力调结构转方式，推进经济转型升级；深入推进改革攻坚，增创体制机制

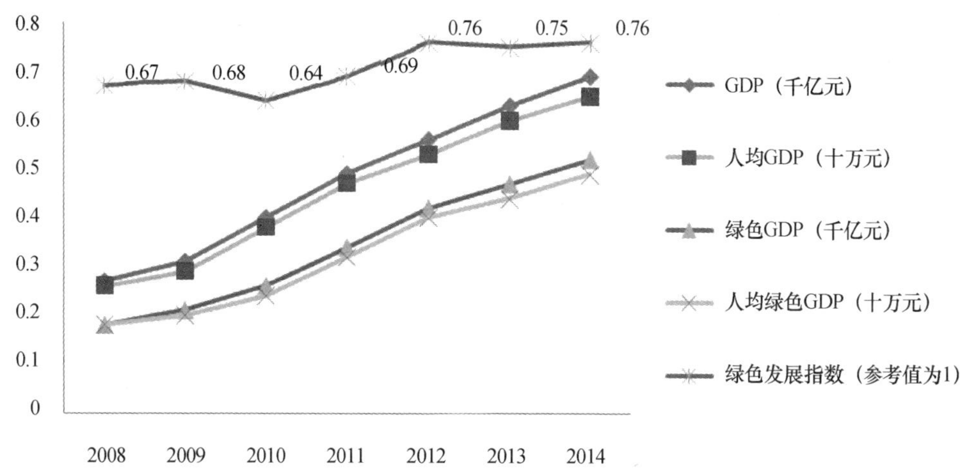

图 3—11　2008 年至 2014 年湖北省鄂州地区绿色发展综合绩效年度变化曲线图

新优势；加快推进新区建设开创开放发展新局面；大力发展生态农业，加快建设美丽乡村；提升城市功能品质，营造优美宜居环境；坚持绿色低碳发展，建设生态文明示范区；加强保障和改善民生，共享改革发展成果的发展路子。

表 3—10　2008 年至 2014 年湖北省鄂州地区绿色发展综合绩效年度变化数据表

年度	GDP（千亿元）	人均 GDP（十万元）	绿色 GDP（千亿元）	人均绿色 GDP（十万元）	数值（参考值为 1）
2008	0. 27	0. 26	0. 18	0. 18	0. 67
2009	0. 31	0. 29	0. 21	0. 20	0. 68
2010	0. 40	0. 38	0. 26	0. 24	0. 64
2011	0. 49	0. 47	0. 34	0. 32	0. 69
2012	0. 56	0. 53	0. 42	0. 40	0. 76
2013	0. 63	0. 60	0. 47	0. 44	0. 75
2014	0. 69	0. 65	0. 52	0. 49	0. 76

从鄂州地区 2008 年至 2014 年的绿色发展综合绩效年度变化曲线图及其数据可以看出，鄂州地区在 2008 年至 2014 年间的绿色发展指数明显偏低，并且出现了较大波动。其中，绿色发展指数最高值为 2014 年的 0. 76，最低值为 2008 年的 0. 67。考虑到 2008 年至 2013 年环境损失数据缺失所带来的影响，可以预估的是，鄂州的绿色发展指数整体情况应该比目前的平均值要低，预估值则应该在 0. 65 左右徘徊。从整体上看，鄂州地区在 2008 年至 2014 年间，其 GDP、人均 GDP、绿色 GDP、人均绿色 GDP 处于相对稳定的增长。2010 年是鄂州地区 GDP、人均 GDP、绿色 GDP、人均绿色 GDP 增

速的高峰年。其 GDP 增速为 29.03%、绿色 GDP 增速为 31.03%、人均 GDP 增速为 23.81%、绿色 GDP 增速为 20.00%。从鄂州地区在 2008 年至 2014 年间 GDP、绿色 GDP、人均 GDP、绿色 GDP 四个指标的增速来看，GDP、人均 GDP 的最高增速出现在 2010 年，分别为 29.03%、31.03%，而绿色 GDP、人均绿色 GDP 的最高增速却出现在 2011 年，分别为 30.77%、33.33%。值得欣喜的是，鄂州地区在 2008 年至 2014 年间的绿色 GDP、绿色 GDP 的平均增速要高于 GDP、人均绿色 GDP 的平均增速。

黄冈地处湖北省东部、大别山南麓、长江中游北岸，京九铁路中段，是武汉城市圈成员城市之一，南与鄂州、黄石、九江隔长江相望，东连安徽，北接河南。黄冈历史文化源远流长，有 2000 多年的建置历史，孕育了一大批科学文化巨匠，为中华民族乃至世界历史发展作出了重要贡献。黄冈革命传统光辉灿烂，是中共早期建党活动的重要驻地和鄂豫皖革命根据地的中心，著名的“黄麻起义”、新四军中原突围、刘邓大军千里跃进大别山等重大历史事件就发生在这里。黄冈区位交通得天独厚，位于楚头吴尾和鄂豫皖赣四省交界，与省会武汉山水相连，具有“承东启西、纵贯南北、得天独厚、通江达海”的区位优势。黄冈自然人文交相辉映，依山带水，风光秀丽，现有水域面积 2500 平方公里，是全国重要的湿地保护区，也是黄梅戏的发源地。截至 2014 年底，黄冈辖七县（红安、罗田、英山、浠水、蕲春、黄梅、团风）、二市（武穴、麻城），黄州区、龙感湖管理区和黄冈经济开发区，版图面积 1.74 万平方公里，总人口 750 万。

改革开放，尤其是 1996 年撤地建市以来，黄冈市经济社会获得了跨越式发展。在工业方面，初步形成食品饮料、医药化工、纺织服装、建筑建材、机械电子等五大支柱产业。在农业方面，成为全国重要的优质粮油基地，蚕茧、板栗、茯苓、花生、油菜、淡水珍珠等农产品产量居湖北之冠。市区城市功能不断增强，城乡基础设施逐步完善，精神文明和各项社会事业协调发展，成为湖北长江流域新的经济增长极，武汉城市圈新兴的经济发展主轴和新的经济增长带，鄂东的重要门户，湖北的重点开放开发新区。

“十三五”期间，黄冈坚持“绿色决定生死、市场决定取舍、民生决定目的”三维纲要，坚持“竞进提质、升级增效，以质为帅、量质兼取”工作方针，高举“四个大别山”旗帜，突出“双强双兴”发展重点，深入开展“四大行动”，努力把黄冈建设成为大别山革命老区核心增长极、大武汉功能疏解承载区、长江经济带区域合作发展先行区、全国生态文明建设示范区。但黄冈还明显存在着发展不够，区域性整体贫困特征明显，经济结构深层次矛盾突出，未来仍面临很多不确定因素等现实状况。因此，黄冈要实现经

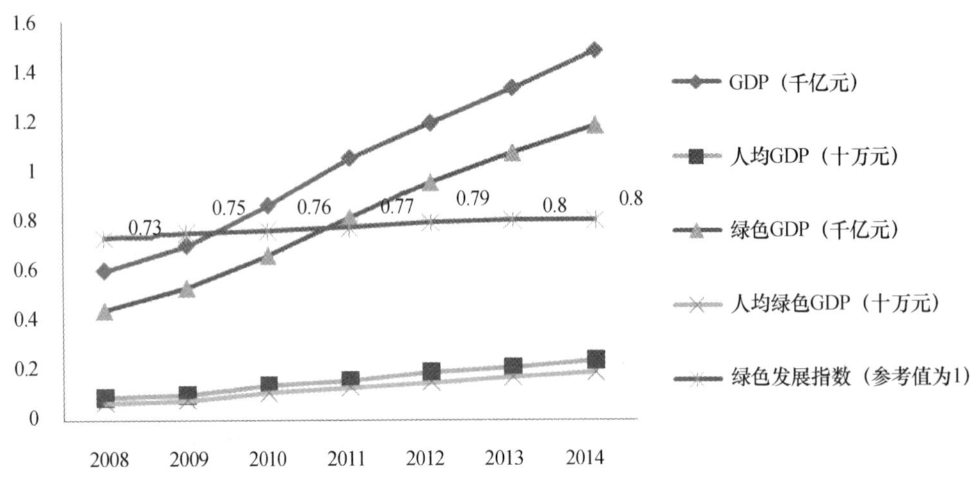

图 3—12　2008 年至 2014 年湖北省黄冈地区绿色发展综合绩效年度变化曲线图

济平稳较快发展，结构调整步伐加快，资源环境优势凸显，基本民生显著改善的发展目标，必须坚持工业强基、多业并举，加快产业转型升级；坚持扩大投资、优化环境，夯实稳增长基础；坚持以人为本、品质优先，推进新型城镇化；坚持改革引领、创新驱动，增强发展新动能；坚持生态优先、绿色发展，加快建设生态市；坚持为民惠民、共建共享，切实保障和改善民生，夯实发展底盘。

表 3—11 2008 年至 2014 年湖北省黄冈地区绿色发展综合绩效年度变化数据表

年度	GDP（千亿元）	人均 GDP（十万元）	绿色 GDP（千亿元）	人均绿色 GDP（十万元）	数值（参考值为 1）
2008	0.60	0.09	0.44	0.07	0.73
2009	0.70	0.10	0.53	0.08	0.75
2010	0.86	0.14	0.66	0.11	0.76
2011	1.05	0.16	0.81	0.13	0.77
2012	1.19	0.19	0.95	0.15	0.79
2013	1.33	0.21	1.07	0.17	0.80
2014	1.48	0.24	1.18	0.19	0.80

从黄冈地区 2008 年至 2014 年的综合发展绩效年度变化曲线图及其数据可以看出，黄冈地区在 2008 年至 2014 年间的绿色发展指数一直处于相对低位运行，且未出现较大波动。其中，绿色发展指数最高值为 2013 年、2014 年的 0.80，最低值为 2008 年的 0.73。从整体上来看，黄冈地区在 2008 年至 2014 年间，其 GDP、人均 GDP、绿色 GDP、人均绿色 GDP 处于相对稳定的增长。2010 年是黄冈地区 GDP、人均 GDP、绿色 GDP、人均绿色 GDP 的增速高峰年，其

GDP 增速为 22.86%，人均 GDP 增速为 40.00%，绿色 GDP 增速为 24.53%，人均绿色 GDP 增速为 37.50%。在随后的 2012 年、2013 年、2014 年，该地区的 GDP、人均 GDP、绿色 GDP、人均绿色 GDP 增速则逐年放缓，四个指标的增速均保持了相对的一致性和稳定性。

咸宁为湖北省地级市，素有“湖北南大门”“武汉后花园”之称，位于湖北省东南部，长江中游南岸，与湖南、江西接壤，是武汉城市圈成员城市之一，位居武汉城市圈与长株潭城市群两大改革试验区的中轴线上，是全国“两型”社会建设综合配套改革试验区，是宜业、宜居、宜赏的实力之城、活力之城、魅力之城，森林覆盖率超过 54.2%。咸宁温泉成为“灵秀湖北”十大旅游名片之一，是全国最适宜人居的 200 个城市之一，获中国人民环境范例奖、全国最适宜人居城市、中国魅力之城、中国温泉之城、中国十大最具成长创新型城市、全国第二批可再生能源建筑应用示范市、湖北省首批低碳经济试点市、首批全国旅游标准化城市等荣誉称号。咸宁现下辖：咸安区、通城县、通山县、嘉鱼县、崇阳县、赤壁市。咸宁区位适中，交通便捷，138 公里长江黄金水道依境东流，京广铁路、武广高速铁路、武咸城际铁路、京港澳高速公路、杭瑞高速贯通南北。截至 2014 年底，全市常住人口 250.7 万人。

咸宁经济结构调整不断优化，总体发展稳中有进，呈现经济转型升级稳步推进的态势。但还存在着诸多问题，具体表现为：农业内部结构有待更进一步优化；产业研发投入不足，技术创新能力差，工业化水平偏低；投资对经济的贡献较低；支柱产业带动作用不明显、发展滞缓；第三产业发展不充分等。咸宁在“十三五”期间的经济社会发展总目标是：到 2020 年，地区生产总值达到 1600

亿元，年均增长 9% 左右；全社会固定资产投资年均增长 14% 左右；规上工业增加值年均增长 9% 以上；一般公共预算收入达到 130 亿元，年均增长 10%；常住人口城镇化率 55%；城乡居民人均可支配收入达到 26700 元，建设创新能力更强、生态环境更优、开放层次更高、区域发展更协调、人民群众更幸福的新咸宁。

为此，咸宁市委市政府确立了“五个咸宁”的发展路径。推进供给侧改革，培育发展新动能，拓展发展新空间，完善发展新机制，使咸宁成为湖北改革创新试验区，实现创新发展，建设创新咸宁。加强产业整体提升和协调发展，推进幕阜山片区整体脱贫，统筹城乡发展，推动区域合作，使咸宁成为“中三角”合作发展先行区，实现协调发展，建设小康咸宁。优化主体功能区布局，推进生产生活绿色化，加强生态保护，健全生态文明制度，打造生态文明咸宁样板，实现绿色发展，建设绿色咸宁。主动融入“一带一路”，全面对接大武汉，构建开放发展新格局，使咸宁成为“万里茶道”品牌城市，实现开放发展，建设开放咸宁。增加公共服务供给，办

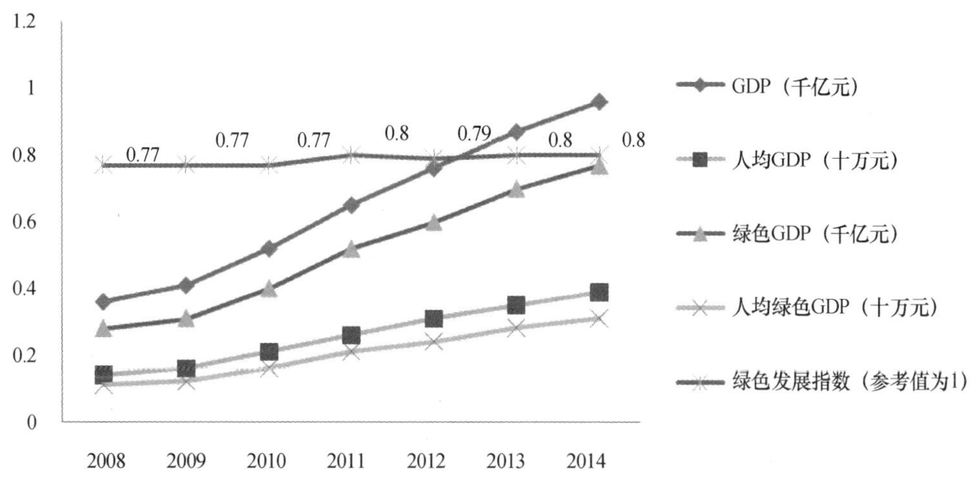

图 3—13　2008 年至 2014 年湖北省咸宁地区绿色发展综合绩效年度变化曲线图

好人民满意教育，促进更高水平就业创业，完善社会保障制度，促进社会事业进步，使咸宁成为独具魅力的国际生态城市，实现共享发展，建设幸福咸宁。

表 3—12　2008 年至 2014 年湖北省咸宁地区绿色发展综合绩效年度变化数据表

年度	GDP（千亿元）	人均 GDP（十万元）	绿色 GDP（千亿元）	人均绿色 GDP（十万元）	数值（参考值为 1）
2008	0. 36	0. 14	0. 28	0. 11	0. 77
2009	0. 41	0. 16	0. 31	0. 12	0. 77
2010	0. 52	0. 21	0. 40	0. 16	0. 77
2011	0. 65	0. 26	0. 52	0. 21	0. 80
2012	0. 76	0. 31	0. 60	0. 24	0. 79
2013	0. 87	0. 35	0. 70	0. 28	0. 80
2014	0. 96	0. 39	0. 77	0. 31	0. 80

从咸宁地区 2008 年至 2014 年的绿色发展综合绩效年度变化曲线图及其数据可以看出，咸宁地区在 2008 年至 2014 年间的绿色发展指数一直处于相对低位运行，且未出现较大波动。其中，绿色发展指数最高值为 2011 年、2013 年、2014 年的 0. 80，最低值为 2008 年、2009 年、2010 年的 0. 77。从整体上来看，咸宁地区在 2008 年至 2014 年间，其 GDP、人均 GDP、绿色 GDP、人均绿色 GDP 处于相对稳定的增长。2010 年是咸宁地区 GDP、人均 GDP、绿色 GDP、人均绿色 GDP 的增速高峰年，其 GDP 增速为 26. 83%，人均 GDP 增速为 31. 25%，绿色 GDP 增速为 29. 03%，人均绿色 GDP 增速为 33. 33%。在随后的 2012

年、2013 年、2014 年，该地区的 GDP、人均 GDP、绿色 GDP、人均绿色 GDP 增速则逐年放缓。其中，2009 年、2012 年，咸宁地区的 GDP 增速、人均 GDP 增速要高于绿色 GDP 增速和人均绿色 GDP 增速，而在 2010 年、2011 年、2013 年，咸宁地区的绿色 GDP 增速、人均绿色 GDP 增速要高于 GDP 增速和人均 GDP 增速。2014 年 GDP、人均 GDP、绿色 GDP、人均绿色 GDP 增速则不相上下。

潜江是楚文化的发祥地之一，位于湖北省中南部、江汉平原腹地，是连接湖北东西部的桥梁城市，是武汉城市圈的成员单位。自公元 965 年（宋乾德三年）建县，迄今已有一千多年的历史。1988 年撤县建市。1994 年被列为省直管市。潜江具有深厚的历史文化底蕴，潜江花鼓戏、潜江皮影戏、潜江民歌被列入国家非物质文化遗产保护名录。潜江是“中国小龙虾之乡”和“全国裁缝之乡”。潜江是著名的“水乡园林”，是植物王国活化石——水杉的故乡，是全国平原绿化先进市，江汉平原生态文明交通示范市，曾获得中国宜居城市范例奖。截至 2014 年底，全市国土面积 2004 平方公里，户籍人口 103 万，境内有全国十大油田之一的江汉油田，辖 3 个省级经济开发区、6 个国有农场、16 个镇处，素有“曹禺故里、江汉油城、水乡园林、龙虾之乡”的美誉。

潜江地上盛产粮油棉，地下富藏油气盐。潜江立足自身特色与优势，推进产业集群发展，现已形成了油气开采、化工医药、冶金机械、纺织服装、农副产品加工等五大传统支柱产业和家具产业、食品加工、高新技术三大新兴产业，拥有四家上市公司。潜江是世界最大的牛磺酸生产基地和漂粉精消毒剂生产基地、亚洲最大的石油钻头生产基地、全国最大的眼科用药生产基地。潜江正在全力打造中国家具第五极——华中家具产业园。

“十三五”时期，潜江经济社会发展的总目标是：第一，经济保持又好又快发展。坚持优化结构、转型提质，地区生产总值、城乡居民人均可支配收入在比2010年提前翻一番的基础上，年均增速达到或超过全省平均水平。实体经济核心竞争力显著提升，重点打造生态龙虾、绿色化工、家具食品3个主营业收入过500亿元的产业集群。工业化和信息化、服务业与制造业深度融合，农业现代化水平保持全省前列，三次产业结构进一步优化。新型城镇化水平明显提升，开放开发水平进一步提高。第二，人民生活水平和质量明显提升。贫困人口全部脱贫、贫困村全部出列、贫困镇全部摘帽。高质量就业更加充分，收入分配更加合理。教育现代化取得实质进展，劳动年龄人口受教育年限明显增加。居民健康水平进一步提高，公共服务体系更加健全，总体实现基本公共服务均等化，人民群众幸福感明显增强。第三，社会文明程度普遍提高。社会主义核心价值观深入人心，公民思想道德素质和科学文化素质明显提高，国家意识、法治意识、社会意识显著增强。精神文化产品更加丰富，文化产业产值占 GDP 比重进一步提升，潜江文化品牌更加响亮，文化名市建设取得新进展，全力争创全国文明城市。第四，生态环境质量持续改善。生态市建设全面推进，“绿满潜江”行动目标全面实现，绿色低碳生产生活方式基本普及。节能减排水平进一步提升，全面完成省下达的约束性指标任务。水、大气、土壤污染等环境问题得到有效遏制，人居环境显著改善，全力争创国家卫生城市、国家生态园林城市和国家、省环保模范城市。第五，市域治理水平全面提高。人民民主不断扩大，人民权益得到切实保障，政府治理能力显著增强，网格化管理体系全面覆盖，社会信用体系更加健全，社会公平正义得到有效维护，社会治理体系更加完善，实现社会治理制度化、法治化，不断巩固“全国平安市”成果。

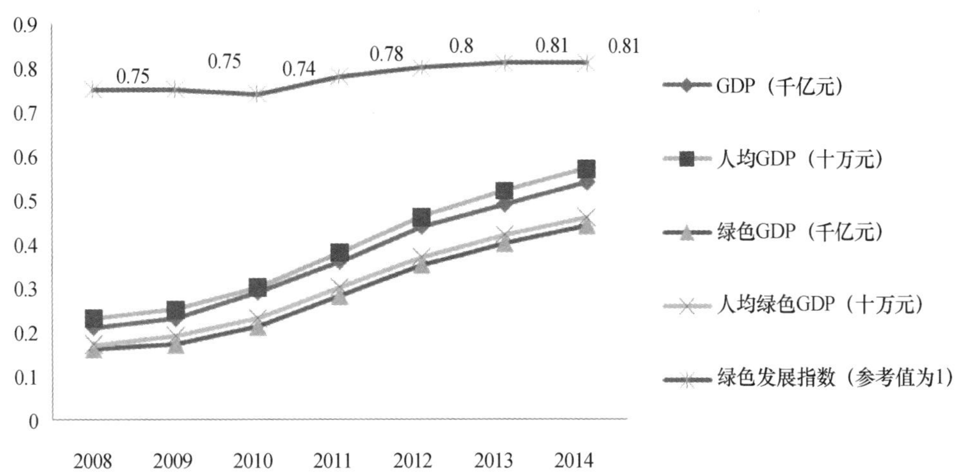

图 3—14　2008 年至 2014 年湖北省潜江地区绿色发展综合绩效年度变化曲线图

表 3—13　2008 年至 2014 年湖北省潜江地区绿色发展综合绩效年度变化数据表

年度	GDP（千亿元）	人均 GDP（十万元）	绿色 GDP（千亿元）	人均绿色 GDP（十万元）	数值（参考值为 1）
2008	0. 21	0. 23	0. 16	0. 17	0. 75
2009	0. 23	0. 25	0. 17	0. 19	0. 75
2010	0. 29	0. 30	0. 21	0. 23	0. 74
2011	0. 36	0. 38	0. 28	0. 30	0. 78
2012	0. 44	0. 46	0. 35	0. 37	0. 80
2013	0. 49	0. 52	0. 40	0. 42	0. 81
2014	0. 54	0. 57	0. 44	0. 46	0. 81

从潜江地区 2008 年至 2014 年的绿色发展综合绩效年度变化曲线图及其数据可以看出，潜江地区在 2008 年至 2014 年间的绿色发展指数一直处于相对低位运行，波动幅度为 7 个百分点。其中，绿色发展指数最高值为 2013 年、2014 年的 0.81，最低值为 2010 年的 0.74。从整体上来看，潜江地区在 2008 年至 2014 年间，其 GDP、人均 GDP、绿色 GDP、人均绿色 GDP 处于相对稳定的增长。2011 年是潜江地区 GDP、人均 GDP、绿色 GDP、人均绿色 GDP 的增速高峰年，其 GDP 增速为 24.14%，人均 GDP 增速为 26.67%，绿色 GDP 增速为 33.33%，人均绿色 GDP 增速为 30.43%。在随后的 2012 年、2013 年、2014 年，该地区的 GDP、人均 GDP、绿色 GDP、人均绿色 GDP 增速则逐年放缓。可喜的是，潜江地区从 2011 年开始之后的 2012 年、2013 年，其绿色 GDP 增速、人均绿色 GDP 增速均要高于 GDP 增速和人均 GDP 增速。在 2014 年，潜江地区的 GDP、人均 GDP、绿色 GDP、人均绿色 GDP 增速达到了相对的稳定，维持在 9.70% 上下。

仙桃原名沔阳县，有 1500 多年的建制历史，是荆楚文化的重要发祥地之一，1986 年撤县建市，1994 年被列为省直管市。仙桃市东邻省会武汉，西接荆州、宜昌，北依汉水，南靠长江，具有贯通南北、承东启西的区位优势。截至 2014 年底，全市有国土面积 2538 平方公里，人口 155 万，其中城市建成区面积为 45 平方公里，城区人口达 40 万。仙桃市下辖 1 个国家级高新技术产业园区、3 个市属街道办事处、15 个建制镇、2 个农场，是“1 + 8”武汉城市圈的重要成员之一。改革开放以来，仙桃的发展一直走在全省县域经济前列，综合实力曾五次进入全国百强，先后获得全国创建文明城市工作先进市、国家园林城市、国家卫生城市、全国中小企业发展环境百佳市、中国最佳粤商投资城市、中国最具投资潜力中小城市百强、中国最具区域带动力中小城市百强、中国金融生态城市等多项殊荣。仙桃境内平川千里，河湖密布，素以“鱼米之乡”著称，历来是全国重要的粮棉油、猪鱼蛋生产基地，是国家现代农业示范区、全国农业产业化先进市、全国粮食生产大市、全国油料生产大市、全国淡水养殖大市、全国生猪调出大市、中国无公害果蔬十强市、中国特色农业百强示范基地。

仙桃市产业结构合理，第一、二、三产业齐头并进。经过多年的发展，仙桃市已初步形成以食品加工、无纺布卫材、汽车零部件、电子电路、医药化工五大产业板块为主体、门类齐全、特色鲜明的现代工业体系，两次进入“中国县域产业集群竞争力百强”，相继被授予全国首家“中国食品产业名城”和“中国非织造布产业名城”荣誉称号，被批准设立全省唯一的华中汽车零部件产业园。“十三五”期间仙桃市的发展目标是：地区生产总值年均增长 9% 以上，规模以上工业增加值年均增长 8.5% 以上，财政总收入年均增长 10% 以上，地方公共财政预算收入年均增长 10.5% 以上，全社会固定资产投资年均增长 18% 以上，社会消费品零售总额年均增长 12.5% 以上，外贸出口年均增长 12% 以上，城镇和农村常住居民人均可支配收入分别年均增长 9% 以上，建成全球最大的非织造布生产加工研发基地、全国具有重要影响力的食品产业基地、华中地区最具竞争力的汽车零部件产业基地和有影响力的电子信息产业基地，使仙桃经济总量和综合实力领跑全省县市，赶超中等城市，成为全国有影响力的县域经济强市。为此，仙桃市以仙桃国家高新区为平台，依靠科技创新，大力培育高新技术企业、创新型企业和科技型中小企业，持续推进传统产业改造升级、优势产业品牌扩张、新兴产业规模倍增，着力打造高新化、高端化的特色产业集群，促进新动能成长和传统动能提升。大力推进城乡一体、区域协同和“四化同步”发展。紧扣绿色发展大方向。把握“绿色决定生死”的纲领性要求，树立“绿色就是财富”的发展观念，坚决守住生态底线，把仙桃建成绿色园林之城、宜居宜业之地和生态鱼米之乡。

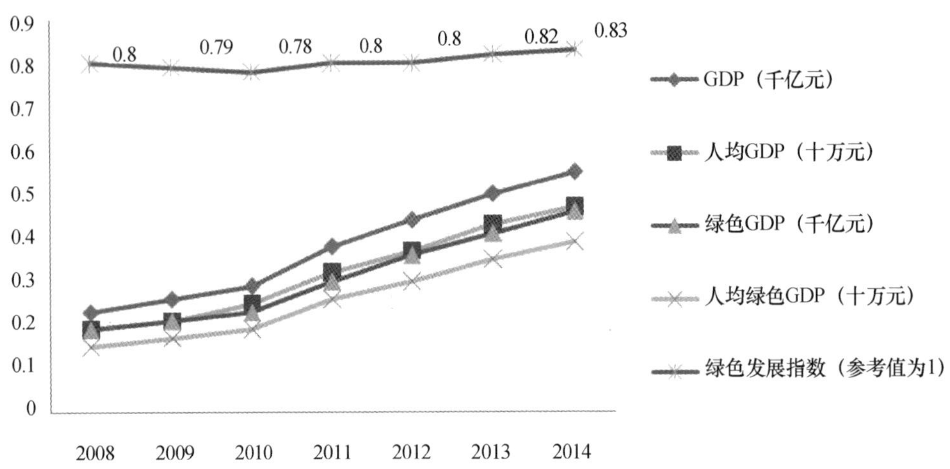

图 3—15　2008 年至 2014 年湖北省仙桃地区绿色发展综合绩效年度变化曲线图

表 3—14　2008 年至 2014 年湖北省仙桃地区绿色发展综合绩效年度变化数据表

年度	GDP（千亿元）	人均 GDP（十万元）	绿色 GDP（千亿元）	人均绿色 GDP（十万元）	数值（参考值为 1）
2008	0.23	0.19	0.19	0.15	0.80
2009	0.26	0.21	0.21	0.17	0.79
2010	0.29	0.25	0.23	0.19	0.78
2011	0.38	0.32	0.30	0.26	0.80
2012	0.44	0.37	0.36	0.30	0.80
2013	0.50	0.43	0.41	0.35	0.82
2014	0.55	0.47	0.46	0.39	0.83

从仙桃地区 2008 年至 2014 年的绿色发展综合绩效年度变化曲线图及其数据可以看出，仙桃地区在 2008 年至 2014 年间的绿色发展指数一直处于相对低位运行，未出现较大幅度的波动。其中，绿色发展指数最高值为 2014 年的 0.83，最低值为 2010 年的 0.78。从整体上来看，仙桃地区在 2008 年至 2014 年间，其 GDP、人均 GDP、绿色 GDP、人均绿色 GDP 处于相对稳定的增长。2011 年是其 GDP、人均 GDP、绿色 GDP、人均绿色 GDP 的增速高峰年。其 GDP 增速为 31.03%，人均 GDP 增速为 28.00%，绿色 GDP 增速为 30.43%，人均绿色 GDP 增速为 36.84%。在随后的 2012 年、2013 年、2014 年，该地区的 GDP、人均 GDP、绿色 GDP、人均绿色 GDP 增速则逐年放缓。同时，2011 年也是仙桃地区的绿色转型年，自此之后的 2012 年、2013 年、2014 年，其绿色 GDP 增速、人均绿色 GDP 增速均要高于 GDP 增速和人均 GDP 增速。

随州湖北省最年轻的地级市（2000 年建市），位于湖北北部，地处长江流域和淮河流域的交汇地带，东承我国中部中心城市武汉，西接湖北省域副中心城市襄阳，北临河南省南阳、信阳，南达荆门，是湖北省对外开放的“北大门”，素有“汉襄咽喉”“鄂北明珠”之称。随州是中国历史文化名城，炎帝神农故里，编钟古乐之乡（曾侯乙编钟享誉世界），国家园林城市，国家森林城市，中国专用汽车之都，世界四大古银杏群落之乡，世界三大兰花产地之一。截至 2014 年底，随州市国土面积 9636 平方公里，人口 258 万，下辖一市一区一县：广水市、曾都区、随县。随州市区位优越，交通便捷，是襄十随汽车工业走廊的重要城市，国家实施西部大开发战略由东向西的重要接力站和中转站，京广线、西宁线、汉丹线三条铁路，107、312、316 三条国道，京珠、汉十、随岳和麻竹四条高速公路在随州纵横交错，穿境而过。从随州东距上海，西至成都，南达广州，北到北京，都在 1000 公里的半径之内；从随州到武汉天河机场约 110 公里。随州山川秀美，生态环境堪称一流。全市森林覆盖率达 53%，其中南部地区高达 70%，境内山水资源富集。

随州经济快速发展，产业特色鲜明。现已形成汽车机械、食品工业、建材工业、纺织工业、化工工业、光伏电子、生物医药七大产业板块，特别是专用汽车在全国品种最齐全、特色最鲜明、产业资源最富集，被中国机械工业联合会授予“中国专用汽车之都”称号。随州物产丰富，香菇、木耳、银杏、兰草、大蒜、茶叶、蜜枣等农副产品名扬海内外，是中南地区最大的食用菌集散地和出口基地，被誉为中国花菇之乡、中国古银杏之乡、中国蕙兰之乡。但随州经济社会发展还存在着一些困难，具体如下：一是保持经济持续快速增长压力加大。受多方面因素特别是宏观经济下行的影响，部分经济指标虽保持增长，但增速下滑；部分企业经营较为困难，要素制约突出，特别是融资渠道不畅，盈利空间变小。二是产业结构仍需深入调整。产业实力整体较弱，层次不高，竞争力不强，创新能力不足，传统产业占比较大，高新技术产业和第三产业比重偏低。三是民生改善任务依然繁重。城乡基础设施建设仍有欠账，社会事业发展相对不足，公共服务能力和水平尚需提升，广大群众反映比较集中的一些热点难点问题还没有得到很好解决。四是行政效能有待进一步提高。

为此，随州市委市政府确立了随州“十三五”期间经济社会的发展目标是：力争地区生产总值在“十二五”末基础上翻一番，达到 1400 亿元，年均增长 9%；规模工业增加值年均增长 9%；全社会固定资产投资年均增长 15%；社会消费品零售总额年均增长 11%；外贸出口总额年均增长 8%；地方公共财政预算收入年均增长 11%；城乡居民人均可支配收入年均增长 9%。另外，还将在做大产业总量和提高效益上、改革创新和扩大对外开放上、城镇发展和生态文明建设上、民生改善和社会事业发展上、精准脱贫和小康随州建设上实现突破，不断开创“圣地车都”建设新局面。

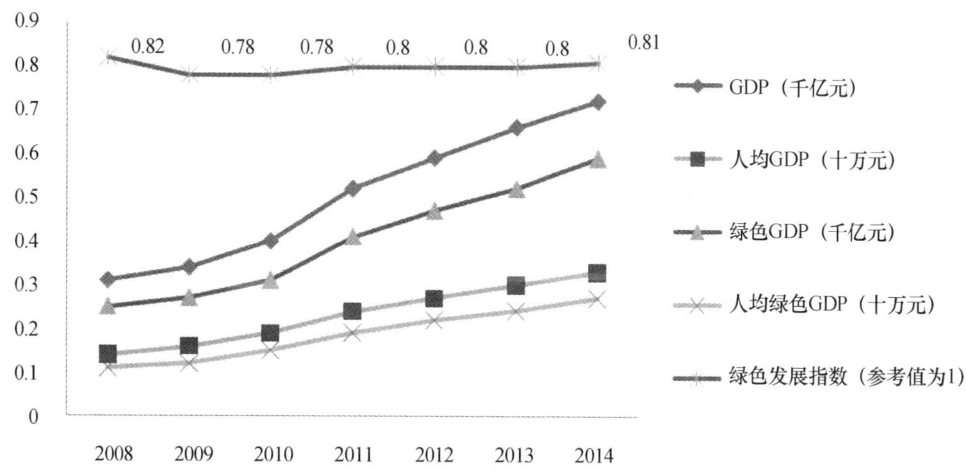

图 3—16　2008 年至 2014 年湖北省随州地区绿色发展综合绩效年度变化曲线图

表 3—15　2008 年至 2014 年湖北省随州地区绿色发展综合绩效年度变化数据表

年度	GDP（千亿元）	人均 GDP（十万元）	绿色 GDP（千亿元）	人均绿色 GDP（十万元）	数值（参考值为 1）
2008	0. 31	0. 14	0. 25	0. 11	0. 82
2009	0. 34	0. 16	0. 27	0. 12	0. 78

续表

年度	GDP（千亿元）	人均 GDP（十万元）	绿色 GDP（千亿元）	人均绿色 GDP（十万元）	数值（参考值为 1）
2010	0. 40	0. 19	0. 31	0. 15	0. 78
2011	0. 52	0. 24	0. 41	0. 19	0. 80
2012	0. 59	0. 27	0. 47	0. 22	0. 80
2013	0. 66	0. 30	0. 52	0. 24	0. 80
2014	0. 72	0. 33	0. 59	0. 27	0. 81

从随州地区 2008 年至 2014 年的绿色发展综合绩效年度变化曲线图及其数据可以看出，随州地区在 2008 年至 2014 年间的绿色发展指数一直处于相对低位运行，未出现较大幅度的波动。其中，绿色发展指数最高值为 2008 年的 0. 82，最低值为 2009 年、2010 年的 0. 78。从整体上来看，随州地区在 2008 年至 2014 年间，其 GDP、人均 GDP、绿色 GDP、人均绿色 GDP 处于相对稳定的增长。2011 年是其 GDP、人均 GDP、绿色 GDP、人均绿色 GDP 的增速高峰年，其 GDP 增速为 30. 00%，人均 GDP 增速为 26. 32%，绿色 GDP 增速为 32. 26%，人均绿色 GDP 增速为 26. 67%。在随后的 2012 年、2013 年、2014 年，该地区的 GDP、人均 GDP、绿色 GDP、人均绿色 GDP 增速则逐年放缓。2012 年、2014 年，随州地区的绿色 GDP 增速、人均绿色 GDP 增速开始超越 GDP 增速和人均 GDP 增速。2012 年、2014 年，随州地区的绿色 GDP 增速、人均绿色 GDP 增速略低于 GDP 增速和人均 GDP 增速。

恩施土家族苗族自治州（简称恩施州）位于湖北省西南部，地处鄂、湘、渝三省（市）交汇处，是共和国最年轻的自治州

（建于 1983 年），也是湖北省唯一的少数民族自治州。恩施州是多民族居住地，有土家族、苗族、侗族、汉族、回族、蒙古族、彝族、纳西族、壮族等 29 个民族，少数民族占总人口的 54%。民族习俗相交融，社会发展共促进。恩施州属亚热带季风性山地湿润气候，气候宜人，冬少严寒，夏无酷暑，雨量充沛，四季分明；海拔落差大，小气候特征明显，垂直差异突出，“一山有四季，十里不同天”。境内年均气温 16.2℃，年平均降水量 1600 毫米。地处武汉和重庆两大“火炉”之间，是最适宜人类居住的地区之一。全州水能资源理论蕴藏量 509.31 万千瓦，可开发蕴藏量 349.1 万千瓦，可开发装机近 500 万千瓦，是湖北省除宜昌以外水能资源最丰富的地区。截至 2014 年底，全州面积 2.4 万平方公里，辖恩施、利川两市和建始、巴东、宣恩、来凤、咸丰、鹤峰六县，总人口 403 万。恩施州森林覆盖率近 70%，空气质量优良，享有“鄂西林海”的美誉，是我国华中地区重要的“动植物基因库”。恩施州矿产资源丰富，鄂西铁矿是中国四大铁矿之一，已探明储量 13 亿吨，预测储量达 40 亿吨。天然气已探明储量 1500 亿立方米，预测资源量达 1.5 万亿立方米。恩施还拥有世界最大的独立硒矿床，在第十四届国际人与动物微量元素大会上，被授予“世界硒都”殊荣。

受地理条件及其他因素的限制，恩施州的总体经济发展水平在全省处于下游。第一、二产业发展相对滞后。近年来，依托得天独厚的生态资源，坚持绿色繁荣，以建设鄂西生态文化旅游圈核心板块和全国知名生态文化旅游目的地为目标，把旅游业作为州域经济发展的引擎和抓手，创新“旅游 +”融合发展模式，旅游业已成长为恩施最有潜力、最有活力、最有竞争力的优势产业、绿色产业和引擎产业。但由于受宏观经济环境影响，恩施州经济下行压力加大，地区生产总值增幅、社会消费品零售总额增幅和服务业增加值占生产总值比重三项指标没有完成“十二五”规划目标任务；贫困人口多，贫困程度深，返贫机率大，脱贫攻坚任务艰巨繁重；重大产业项目不多，龙头企业实力不强，产业支撑能力有限；财政实力、社保水平与民生需求矛盾突出，扩大公共产品供给、保障和改善民生任务繁重。

“十三五”期间，恩施州经济社会发展预期目标是：生产总值年均增长 8.5%；规模以上工业增加值年均增长 7% 以上；全社会固定资产投资年均增长 16%；社会消费品零售总额年均增长 11.5%；游客接待人次年均增长 15%，旅游综合收入年均增长 15%；地方一般公共预算收入年均增长 8%；城镇化率提高 7.5 个百分点；城镇常住居民人均可支配收入年均增长 9%，农村常住居民人均可支配收入年均增长 10%；城镇调查失业率控制在 5% 以内，人口自然增长率、安全生产、节能减排完成省下达的目标任务。恩施州将咬定“与全省同步全面建成小康社会”目标不放松，全面推进“生态立州、产业兴州、开放活州、依法治州、富民强州”战略，沿着突出产业升级，推进创新发展；突出城乡统筹，推进协调发展；突出生态文明，推进绿色发展；突出载体建设，推进开放发展；突出精准脱贫，推进共享发展；突出依法行政，推进依法治州的发展道路，努力将恩施州建成绿色、繁荣、开放、文明的全国先进自治州。

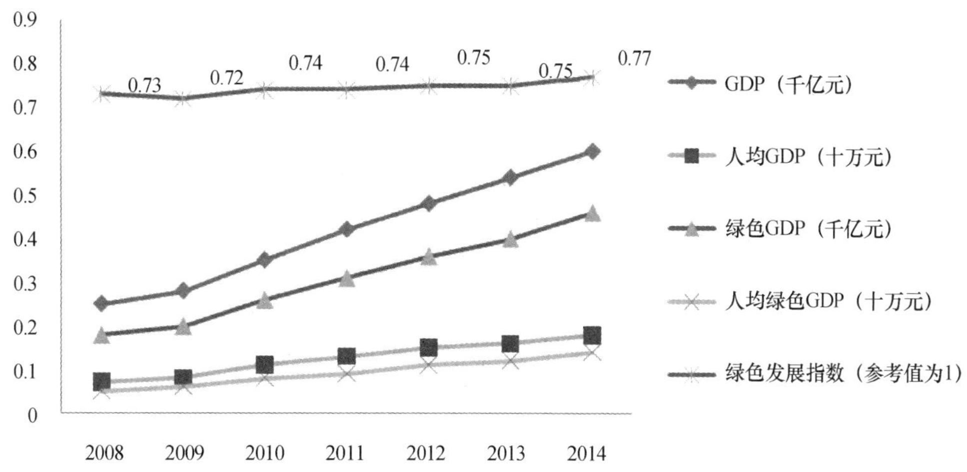

图 3—17　2008 至 2014 年湖北省恩施地区绿色发展综合绩效年度变化曲线图

表 3—16　2008 至 2014 年湖北省恩施地区绿色发展综合绩效年度变化数据表

年度	GDP（千亿元）	人均 GDP（十万元）	绿色 GDP（千亿元）	人均绿色 GDP（十万元）	数值（参考值为 1）
2008	0. 25	0. 07	0. 18	0. 05	0. 73
2009	0. 28	0. 08	0. 20	0. 06	0. 72
2010	0. 35	0. 11	0. 26	0. 08	0. 74
2011	0. 42	0. 13	0. 31	0. 09	0. 74
2012	0. 48	0. 15	0. 36	0. 11	0. 75
2013	0. 54	0. 16	0. 40	0. 12	0. 75
2014	0. 60	0. 18	0. 46	0. 14	0. 77

从恩施地区 2008 至 2014 年的绿色发展综合绩效年度变化曲线图及其数据可以看出，恩施地区在 2008 至 2014 年间的绿色发展指数一直处于低位运行，且未出现较大幅度的波动，这是与人们的感性认识不太相一致的。其中，绿色发展指数最高值为 2014 年的 0. 77，最低值为 2009 年的 0. 72。从整体上来看，恩施地区在 2008

至 2014 年间，其 GDP、人均 GDP、绿色 GDP、人均绿色 GDP 处于相对稳定的增长。2010 年是其 GDP、人均 GDP、绿色 GDP、人均绿色 GDP 的增速高峰年，其 GDP 增速为 25.00%，人均 GDP 增速为 37.50%，绿色 GDP 增速为 30.00%，人均绿色 GDP 增速为 33.33%。在随后的 2011、2012、2013、2014 年，该地区的 GDP、人均 GDP、绿色 GDP、人均绿色 GDP 增速则逐年放缓，其绿色 GDP 增速、人均绿色 GDP 增速与 GDP 增速和人均 GDP 增速呈现相对稳定的一致性。

天门古称竟陵，为湖北省 17 个省辖市之一、武汉城市圈成员。清雍正年间因境内天门山得名“天门”，位于湖北省中部、江汉平原北部，北抵大洪山，南依汉江，西靠荆宜，东临武汉。天门历史悠久，自秦始置竟陵县算起已有两千多年建城史。天门是“茶圣”陆羽故里、中国内陆最大的侨乡。天门的户籍人口数量和常住人口数量均居湖北县域之首，截至 2014 年底，天门市户籍总人口为 167 万人，全市常住人口为 136.9 万人。作为中国蒸菜文化、世界茶文化的发源地，天门自古被誉为“三乡宝地”，是闻名全国的“中国蒸菜之乡”、“中国曲艺之乡”和“中国茶文化之乡”。新中国成立后，天门县属荆州专区所辖。1950 年天门县汉江以南的毛咀区划入沔阳县。同时，沔阳县汉江以北的仙北等地划入天门县。1955 年 7 月，潜江县汉江以北的张港，京山县的多宝、拖市划入天门县，1996 年 11 月蒋湖农场回归天门，2001 年 8 月总后沉湖基地（天门部分）移交天门，形成现境。1987 年 8 月国务院批准撤销天门县，设立天门市（县级），原天门县所辖行政区域仍为天门市行政区域，仍属湖北省荆州地区管辖。1994 年，经国务院批准，湖北省人民政府决定天门市实行省辖直管。天门是全国文明城市提名城市、国家园林城市、中国最具生态竞争力城市。2002 年，天门市被湖北省政府划入“1 + 8”武汉城市圈。

天门市是湖北省著名的鱼米之乡、状元之乡，曾多次入选中部地区县域经济百强、全国最具投资潜力中小城市百强。天门的工业、农业和第三产业蓬勃发展。2015 年，四大支柱产业继续保持增长态势，总产值达到 701.2 亿元，占全部工业总产值的 84.2%。现代农业发展初现成效，农业基础地位更加巩固，产业化水平不断提升，“稻鳅共生”综合种养模式和“华丰模式”在全省推广，新增 14 家省级农民专业合作社，成功入选国家现代农业示范区，服务业提档升级。

“十三五”时期天门市制定的经济社会发展的总目标是：第一，经济实力显著提升。保持较快经济增长速度，经济增长质量和效益明显提高，经济总量持续壮大，综合实力再上新台阶，地区生产总值、地方公共财政预算收入分别保持年均增长 9%、12% 左右的速度。第二，结构调整更加优化。先进制造业和现代服务业的贡献率明显提高，科技进步对经济发展的贡献率达到 60%，城乡一体化发展更加协调。力争到 2020 年，三次产业结构比调整为 12：51：37，常住人口城镇化率达到 60%。第三，人民生活质量和水平明显提高。精准脱贫全面完成，城镇、农村常住居民可支配收入分别保持 9%、10% 左右的增长速度。覆盖城乡居民的基本公共服务体系逐步完善，社会保障水平、教育现代化水平、居民健康水平进一步提高，人民群众安全感、公平感和幸福感明显增强。第四，社会文明程度普遍提高。社会主义核心价值观深入人心，公民思想道德素质和科学文化素质明显提高，全社会法治意识不断增强。公共文化服务体系基本建成，群众精神文化生活更加丰富，文化与城市融合发展取得明显成效。第五，生态环境更加优化。省级生态市、省级环保模范城市、国家生态园林城市创建取得明显成效，绿色低碳的生产生活方式基本普及。节能减排水平提升，大气、水体、土壤三大污染防治取得明显成效，生态环境质量继续保持全省领先；第六，改革开放不断深化。重点领域和关键环节改革取得新突破，政府行政效率明显提升，市场主体活力进一步增强，“双创”蓬勃发展，以茶为媒融入“一带一路”提议，开创天门对外开放新局面。

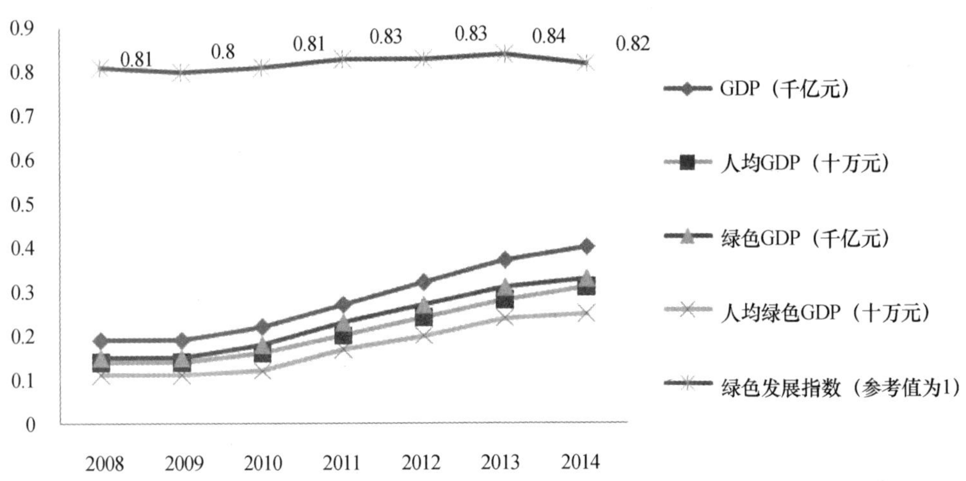

图 3—18 2008 至 2014 年湖北省天门地区绿色发展综合绩效年度变化曲线图

表 3—17 2008 至 2014 年湖北省天门地区绿色发展综合绩效年度变化数据表

年度	GDP（千亿元）	人均 GDP（十万元）	绿色 GDP（千亿元）	人均绿色 GDP（十万元）	数值（参考值为 1）
2008	0. 19	0. 14	0. 15	0. 11	0. 81
2009	0. 19	0. 14	0. 15	0. 11	0. 80

续表

年度	GDP（千亿元）	人均 GDP（十万元）	绿色 GDP（千亿元）	人均绿色 GDP（十万元）	数值（参考值为 1）
2010	0. 22	0. 16	0. 18	0. 12	0. 81
2011	0. 27	0. 20	0. 23	0. 17	0. 83
2012	0. 32	0. 24	0. 27	0. 20	0. 83
2013	0. 37	0. 28	0. 31	0. 24	0. 84
2014	0. 40	0. 31	0. 33	0. 25	0. 82

从天门地区 2008 至 2014 年的绿色发展综合绩效年度变化曲线图及其数据可以看出，天门地区在 2008 至 2014 年间的绿色发展指数一直处于相对低位运行，且几乎未出现波动。其中，绿色发展指数最高值为 2013 年的 0. 84，最低值为 2009 年的 0. 80。从整体上来看，天门地区在 2008 至 2014 年间，其 GDP、人均 GDP、绿色 GDP、人均绿色 GDP 处于相对稳定的增长。2011 年是其 GDP、人均 GDP、绿色 GDP、人均绿色 GDP 的增速高峰年，其 GDP 增速为 22. 73%，人均 GDP 增速为 25. 00%，绿色 GDP 增速为 27. 78%，人均绿色 GDP 增速为 41. 67%。在随后的 2012、2013、2014 年，该地区的 GDP、人均 GDP、绿色 GDP、人均绿色 GDP 增速则逐年放缓。其中，2014 年天门地区的 GDP 增速为 8. 11%，人均 GDP 增速为 10. 71%，而绿色 GDP 增速仅仅只有 6. 45%，人均绿色 GDP 增速也仅仅只有 4. 17%。

荆门位于湖北中部，地处中国地理中心，东眺武汉，西临三峡，南望潇湘，北通川陕，素有“荆楚门户”之称。荆门历史悠久，文化底蕴深厚，资源丰富，基础设施日趋完备，郭店楚简、战国古尸等轰动世界的历史文物出土于此，在湖北实施的“一带两圈”区域发展战略中，荆门处于鄂西生态文化旅游圈之内，紧邻武汉城市圈，既占“两圈"地理之便，又享“两圈”政策之利，是中西部地区经济发展极具活力的城市之一。荆门矿产资源丰富，累托石储量居全国之首，石膏、磷块岩、白云岩、石灰岩储量居全省第一位。荆门已形成铁路、公路、水路和航空“四位一体”的立体交通运输网络，境内交通十分便利，是华中重要的货运物流枢纽。截至 2014 年底，荆门下辖京山县、沙洋县、钟祥市、东宝区、掇刀区、漳河新区、屈家岭管理区和荆门高新区，地域面积 1.24 万平方公里，总人口 300 万。

荆门工业体系日臻完备，已形成以化工、食品、建材、机电、纺织为主的产业新格局，拥有以中石化荆门分公司、荆门热电厂、葛洲坝水泥厂为代表的中央、省属企业，以金龙泉啤酒集团、京山轻机、洋丰集团、宝源木业为代表的地方大中型骨干企业，全市规模工业增加值总量湖北第四。农业综合优势突出。作为全国重要的优质粮、棉、油生产基地，水稻、棉花、油料、水果、生猪和水产品产量均居湖北省前列。旅游、房地产、现代物流等服务业发展迅速，是楚文化、三国文化、三峡旅游线的交汇处，得天独厚。能源及基础设施建设加快，电力、通信、供水、供气等基础设施不断改善，城市建设发展迅速，城市功能不断充实，投资环境日益改善。但，荆门目前也存在着经济总量不大，产业结构不优，项目支撑不够，扩大经济规模、调整经济结构任务繁重；创新驱动能力不足，民营经济发展不够，企业核心竞争力、抗风险能力不强，培育壮大龙头企业、提升经济活跃度任务繁重；城市能级不高，交通基础设施不完善，提升城市承载能力任务繁重；关系群众切身利益的环境保护、扶贫开发、公共服务等方面还存在不少薄弱环节，保障和改善民生任务繁重等问题。

为此，荆门市委市政府提出“十三五”期间的发展目标是：综合实力迈上新台阶，主要经济指标增幅高于全省平均水平、高于同类城市，力争 2020 年全市地区生产总值突破 2200 亿元，地方一般公共预算收入超过 160 亿元，户籍人口城镇化率达到 40% 以上。人民生活水平和质量显著提高，贫困人口 2018 年全部实现脱贫，城镇居民人均可支配收入达到全国平均水平，农村常住居民人均可支配收入保持全省领先，覆盖城乡的基本公共服务和社会保障体系更加完善。基础设施明显改善，交通、水利、能源、信息网络等建设取得较大进展。生态文明建设成效明显，主体功能区布局和生态安全屏障基本形成，绿色低碳的生产方式和生活方式基本普及，资源节约、集约和循环利用水平不断提高。社会文明程度大幅提升，文化

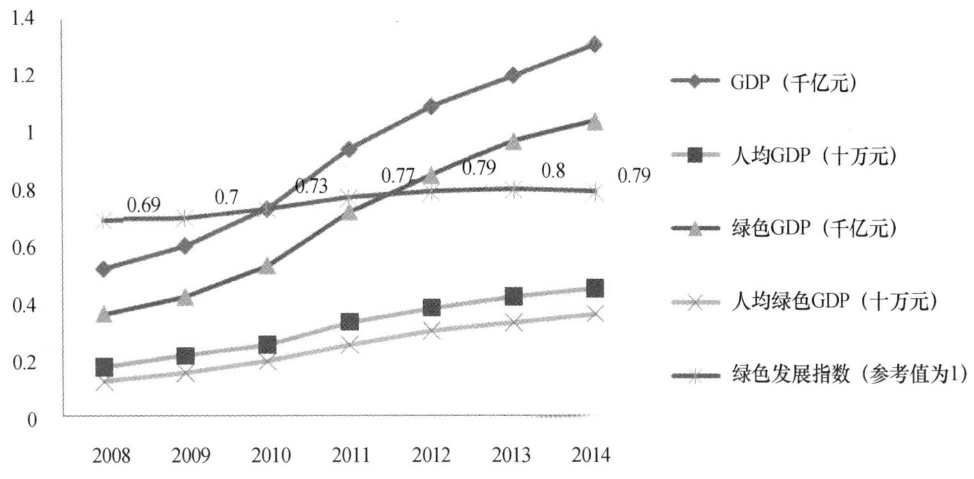

图 3—19　2008 至 2014 年湖北省荆门地区绿色发展综合绩效年度变化曲线图

软实力明显增强，民主法治更加健全。改革开放取得重大进展，重点领域和关键环节改革取得实质性突破，开放型经济体系基本形成。

表 3—18　2008 至 2014 年湖北省荆门地区绿色发展综合绩效年度变化数据表

年度	GDP（千亿元）	人均 GDP（十万元）	绿色 GDP（千亿元）	人均绿色 GDP（十万元）	数值（参考值为 1）
2008	0. 52	0. 17	0. 36	0. 12	0. 69
2009	0. 60	0. 21	0. 42	0. 15	0. 70
2010	0. 73	0. 25	0. 53	0. 19	0. 73
2011	0. 94	0. 33	0. 72	0. 25	0. 77
2012	1. 09	0. 38	0. 85	0. 30	0. 79
2013	1. 20	0. 42	0. 97	0. 33	0. 80
2014	1. 31	0. 45	1. 04	0. 36	0. 79

从荆门地区 2008 至 2014 年的绿色发展综合绩效年度变化曲线图及其数据可以看出，荆门地区在 2008 至 2014 年间的绿色发展指数一直处于低位运行，并出现了较大幅度的波动。其中，绿色发展指数最高值为 2013 年的 0. 80，最低值为 2008 年的 0. 69。从整体上来看，荆门地区在 2008 至 2014 年间，其 GDP、人均 GDP、绿色 GDP、人均绿色 GDP 处于相对稳定的增长。2011 年是其 GDP、人均 GDP、绿色 GDP、人均绿色 GDP 的增速高峰年，其 GDP 增速为 28. 77%，人均 GDP 增速为 32. 00%，绿色 GDP 增速为 35. 85%，人均绿色 GDP 增速为 31. 58%。在随后的 2012、2013、2014 年，该地区的 GDP、人均 GDP、绿色 GDP、人均绿色 GDP 增速则逐年放缓。

其绿色 GDP 增速、人均绿色 GDP 增速与 GDP 增速、人均 GDP 增速也呈现出相对稳定的一致性。

荆州地处长江中游、湖北省中南部，位于沃野千里、美丽富饶的江汉平原腹地，长江自西向东横贯全市，素有“文化之邦、鱼米之乡”的美誉，是一座古老文化与现代文明交相辉映的滨江城市。荆州东连武汉、西接宜昌、南望湖南常德，北毗荆门、襄阳。截至 2014 年底，全市总面积达 1.41 万平方公里，其中平原湖区占 78.7%，总人口 658 万，下辖荆州区、沙市区、江陵县、松滋市、公安县、石首市、监利县、洪湖市 8 个县市区和国家级荆州经济技术开发区。荆州历史悠久，文化灿烂，建城历史长达2600 多年，是楚文化的发祥地和三国文化的中心，是著名的三国古战场。荆州交通便捷，高速公路在这里形成三横五纵，高速铁路将在这里形成十字交叉。荆州盐卡港是长江中上游第三大综合性开放港口。伴随着“北煤南运”大通道蒙华铁路的全面开工建设和荆江河段航道的综合整治，荆州正在加快形成综合交通枢纽，将成为长江经济带、“一带一路”的重要物流通道。荆州古城屡毁屡建，今天的荆州古城最后一次修建是在清朝顺治三年（1646 年），依原址而建，保存至今，是“中国南方不可多得的完璧”。荆州市是国务院公布的首批 24 座中国历史文化名城之一，中国优秀旅游城市，国家园林城市、全国双拥模范城市，长江中游重要的港口城市，中南地区重要的工业基地和轻纺织基地，素有“长江经济带钢腰”之称。

荆州因水而立、因水而兴，483 公里的黄金水道贯通荆州全境，中心城区 200 平方公里，城市地域辽阔。荆州工业基础较好，形成了农产品加工、装备制造、医药化工、轻工建材、纺织服装、电子信息等6大主导产业，荆州开发区是国家级经济技术开发区，汽车零部件产业集群快速崛起，全市共有专用汽车和汽车零部件生产企业200余家。全市形成了新能源汽车、商用车、专用汽车三大整车制造基地和转向器、电机、空调、车桥等七大种类，是湖北省除武汉、襄阳之外汽车零部件品种最全、技术水平最高、配套潜能最大的地区。近年来，荆州提出了“五路壮腰”的发展路子，即“工业壮腰、交通壮腰、兴城壮腰、强县壮腰、文化壮腰”，聚力打造湖北经济增长“第四极”，全市主要经济指标在全省的位次、份额全面提升，增幅跻身并保持在第一方阵，呈现“稳中有进、进中趋优”的良好态势。“十三五”期间，荆州提出了打造更有支撑力的大产业；打造更有竞争力的大城市；打造更有吸引力的大环境；打造更有凝聚力的大民生的发展思路，以五大发展理念为引领，以供给侧结构性改革为重点，筑牢工业底盘，增强农业优势，提升现代服务业，实现“五年大跨越、十年大振兴”的奋斗目标。

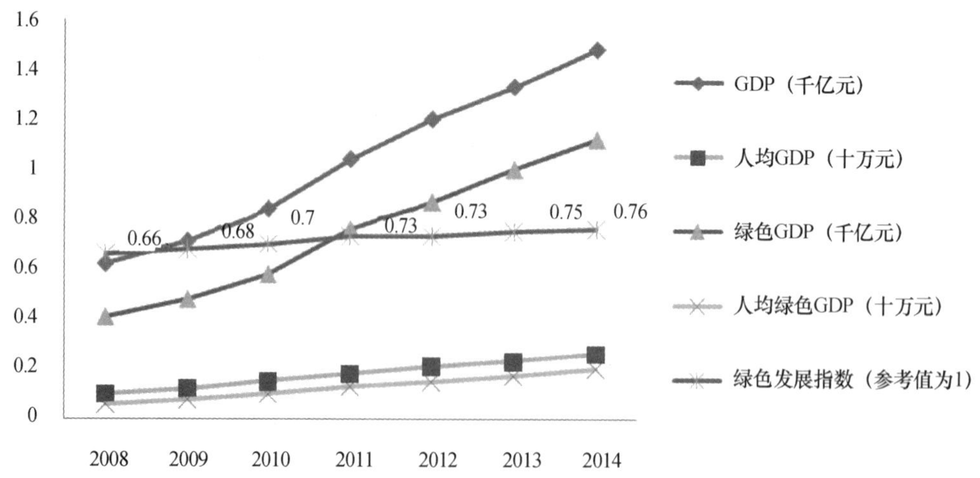

图3—20　2008至2014年湖北省荆州地区绿色发展综合绩效年度变化曲线图

表 3—19　2008 至 2014 年湖北省荆州地区绿色发展综合绩效年度变化数据表

年度	GDP（千亿元）	人均 GDP（十万元）	绿色 GDP（千亿元）	人均绿色 GDP（十万元）	数值（参考值为 1）
2008	0.62	0.10	0.41	0.06	0.66
2009	0.71	0.12	0.48	0.08	0.68
2010	0.84	0.15	0.58	0.10	0.70
2011	1.04	0.18	0.76	0.13	0.73
2012	1.20	0.21	0.87	0.15	0.73
2013	1.33	0.23	1.00	0.17	0.75
2014	1.48	0.26	1.12	0.20	0.76

从荆州地区 2008 至 2014 年的绿色发展综合绩效年度变化曲线图及其数据可以看出，荆州地区在 2008 至 2014 年间的绿色发展指数一直处于低位运行，并出现了较大幅度的波动。其中，绿色发展指数最高值为 2014 年的 0.76，最低值为 2008 年的 0.66。从整体上来看，荆州地区在 2008 至 2014 年间，其 GDP、人均 GDP、绿色 GDP、人均绿色 GDP 处于相对稳定的增长。2011 年是其 GDP、人均 GDP、绿色 GDP、人均绿色 GDP 的增速高峰年，其 GDP 增速为 23.81%，人均 GDP 增速为 20.00%，绿色 GDP 增速为 31.03%，人均绿色 GDP 增速为 30.00%。在随后的 2012、2013、2014 年，该地区的 GDP、人均 GDP、绿色 GDP、人均绿色 GDP 增速则逐年放缓。从 2013 年开始，荆州地区的绿色 GDP 增速、人均绿色 GDP 增速开始逐渐高于 GDP 增速

和人均 GDP 增速。

襄阳位于湖北省西北部，汉江中游平原腹地，是我国历史文化名城，也是楚文化、汉文化、三国文化的发源地，距今已有2800多年历史，历代为经济军事要地，素有“华夏第一城池、铁打的襄阳、兵家必争之地”之称。襄阳因地处襄水之阳而得名，汉水（沔水）穿城而过，南北两岸的襄阳和樊城隔江相望，两城在历史上都是军事与商业重镇。1949 年以后，两城合二为一称襄樊市，分设襄城、樊城 2 区。2010 年 11 月 26 日经国务院批复同意，襄樊市更名为襄阳市，襄阳区改名为襄州区。襄阳市地域总面积为 1.97 万余平方公里，下辖 3 个区（襄州、襄城、樊城）、3 个县级市（枣阳、宜城、老河口）、3 个县（南漳、保康、谷城）和 3 个开发区（襄阳高新技术产业开发区、襄阳经济技术开发区、襄阳鱼梁洲经济开发区）。襄阳自古为交通要塞，素有“南船北马、七省通衢”之称，为南北通商和文化交流的要道，区位优越，交通便捷。襄阳西接川陕，东临江汉，南通湘粤，北达中原，是鄂、豫、渝、陕四省市毗邻地区的交通枢纽。截至 2014 年，常住人口 560 万人，城镇化率达到 56.01%。襄阳属散居少数民族地区，全市生活有 40 多个少数民族。

襄阳是湖北省副中心城市之一，是湖北省“一主两副”的重要一极。襄阳市坚持“四个襄阳”的发展理念，以“产业襄阳”为核心，以“都市襄阳”为载体，以“文化襄阳”为特色，以“绿色襄阳”为灵魂，这也是加快省域副中心城市发展的战略选择和内在要求。襄阳市既有深厚的历史底蕴，又有汽车制造，航天装备等高新科技产业，“新旧和谐共生”构成襄阳最具特色之处。着力构建现代产业新体系，大力建设先进基础设施，构建城乡一体新型城镇化发展格局，培育创新发展新优势，建设宜居宜业新襄阳是襄阳市在新的历史背景下的必然举措。襄阳市在“十三五”期间确立的发展目标是：经济发达，综合实力大幅提升；文化繁荣，名城效应全面彰显；法治优良，城乡社会和谐有序；功能完善，城镇建设提档升级；生态一流，绿色发展创造示范；人民幸福，群众生活更加殷实。围绕建设汉江流域中心城市、率先全面建成小康社会的奋斗目标，更加注重经济转型升级和社会转型发展，更加注重创新创业和改革开放，更加注重依法治理和文化引领，更加注重城乡一体和区域合作，更加注重生态文明建设和持续改善民生，确保县域经济在全省考核中争先进位，确保经济增速持续领跑全省和汉江流域，确保主要经济指标占全省及汉江流域的比重持续提升，确保城乡居民收入与经济同步增长、共享改革发展成果，为湖北“建成支点、走在前列”做出更大贡献。

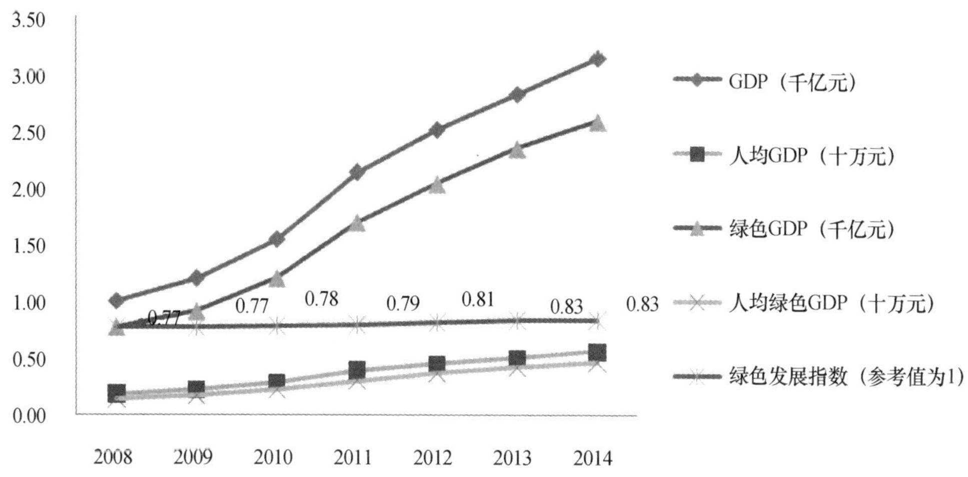

图 3—21　2008 至 2014 年湖北省襄阳地区绿色发展综合绩效年度变化曲线图

表 3—20　2008 至 2014 年湖北省襄阳地区绿色发展综合绩效年度变化数据表

年度	GDP（千亿元）	人均 GDP（十万元）	绿色 GDP（千亿元）	人均绿色 GDP（十万元）	数值（参考值为 1）
2008	1.00	0.18	0.77	0.14	0.77
2009	1.20	0.22	0.91	0.17	0.77
2010	1.54	0.28	1.20	0.22	0.78
2011	2.13	0.39	1.69	0.30	0.79
2012	2.50	0.45	2.03	0.37	0.81
2013	2.81	0.50	2.34	0.42	0.83
2014	3.13	0.56	2.58	0.46	0.83

从襄阳地区 2008 至 2014 年的绿色发展综合绩效年度变化曲线图及其数据可以看出，襄阳地区在 2008 至 2014 年间的绿色发展指数一直处于相对低位运行，出现了一定程度的波动。其中，绿色发展指数最高值为 2013、2014 年的 0.83，最低值为 2008、2009 年的 0.77。从整体上来看，襄阳地区在 2008 至 2014 年间，其 GDP、人均 GDP、绿色 GDP、人均绿色 GDP 处于相对稳定的增长。2011 年是其 GDP、人均 GDP、绿色 GDP、人均绿色 GDP 的增速高峰年，其 GDP 增速为 38.31%，人均 GDP 增速为 39.29%，绿色 GDP 增速为 40.83%，人均绿色 GDP 增速为 36.36%。在随后的 2012、2013、2014 年，该地区的 GDP、人均 GDP、绿色 GDP、人均绿色 GDP 增速则逐年放缓。2012、2013 年，襄阳地区的绿色 GDP 增速、人均绿色 GDP 增速开始逐渐高于 GDP 增速和人均 GDP 增速。令人担忧的是，

2014 年襄阳地区的绿色 GDP 增速、人均绿色 GDP 增速又开始低于 GDP 增速和人均 GDP 增速。

孝感是全国唯一一座以孝命名的地级城市，位于湖北东北部，因东汉孝子董永卖身葬父、行孝感天动地而得名。孝感市紧邻省会武汉，区位优越，交通便捷，距武汉市中心 60 公里，距武汉天河国际机场 30 公里，距内陆第一大港武汉港 50 公里。孝感历史文化悠久绵长，是我国孝文化之乡和楚文化的重要发祥地，也是著名的革命老区。董永卖身葬父、黄香扇枕温衾、孟宗哭竹生笋等古二十四孝中的“三孝”就发生在这里；秦代竹简、秦汉漆器等国宝文物举世闻名；楚王古城、门板湾遗址、叶家庙等古代遗存绚丽缤纷；孝感剪纸、安陆漫画、杨店龙灯、云梦皮影、汉川善书等源远流长。截至 2014 年底，孝感现辖 7 个县市区和一个国家级高新区——孝感国家高新区、双峰山旅游度假区、临空经济区，国土面积 8910 平方公里，总人口 531 万，其中孝感城区人口 48 万，属武汉城市圈核心圈层，是大别山革命老区经济社会发展试验区的重要组成部分。

新中国成立以来，孝感经济建设取得很大成就。随着经济总量的增长，孝感市的产业结构出现逐步升级的趋势，社会经济从传统的农业社会向现代工业社会转变，经济结构向现代型的经济发展模式转型，取得了系列成就，全市现有规模以上工业企业近 1000 家。但孝感市作为湖北省的欠发达地区，农业仍然占有相当比重，而工业和服务业与发达城市相比发展缓慢，这些因素制约了孝感经济的发展。“十三五”期间孝感经济社会发展的目标是：主要经济指标居全省前列，增幅高于全国、全省、武汉城市圈、大别山区平均水平，地区生产总值增长 9%，社会消费品零售总额增长 12%，农村常住居民人均可支配收入增长 9.5%，规模以上工业增加值增长 10%，地方公共财政预算收入增长 12%，全社会固定资产投资增长 15%，常住居民人均可支配收入 9%，单位生产总值能耗下降和主要污染物排放总量减少完成成省定目标。孝感市委市政府为此制定了着力发展新技术、新产业、新业态，不断提高发展的质量和效益，推动创新发展；着力推进产业融合、区域融合、城乡融合，推动协调发展；着力发展绿色经济、低碳经济和循环经济，建设资源节约型和环境友好型社会，推动绿色发展；着力打造开发园区核心载体，发展创新共同体和平台经济，推动开放发展；着力提高社会事业均等化水平，优化供给方式，提升人民群众生活质量，推动共享发展的策略。通过大力推进“五个跨越”、加快建设“五个城市”，实现建设武汉城市圈副中心城市战略目标。

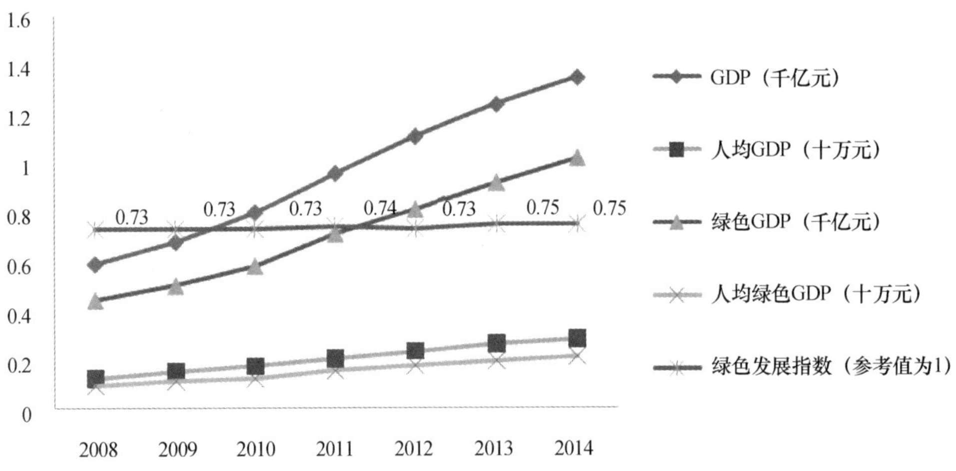

图 3—22　2008 至 2014 年湖北省孝感地区绿色发展综合绩效年度变化曲线图

表3—21　　2008至2014年湖北省孝感地区绿色发展综合绩效年度变化数据表

年度	GDP（千亿元）	人均GDP（十万元）	绿色GDP（千亿元）	人均绿色GDP（十万元）	数值（参考值为1）
2008	0.59	0.12	0.44	0.09	0.73
2009	0.68	0.15	0.50	0.11	0.73
2010	0.80	0.17	0.58	0.12	0.73
2011	0.96	0.20	0.71	0.15	0.74
2012	1.11	0.23	0.81	0.17	0.73
2013	1.24	0.26	0.92	0.19	0.75
2014	1.35	0.28	1.02	0.21	0.75

孝感地区在2008至2014年间的绿色发展指数一直处于低位运行，且未出现大幅度波动。其中，绿色发展指数最高值为2013、2014年的0.75，最低值为2008、2009、2010、2012年的0.73。从整体上来看，孝感地区在2008至2014年间，其GDP、人均GDP、绿色GDP、人均绿色GDP处于相对稳定的增长。2011年是其GDP、人均GDP、绿色GDP、人均绿色GDP的增速高峰年，其GDP增速为20.00%，人均GDP增速为17.65%，绿色GDP增速为22.41%，人均绿色GDP增速为25.00%。在随后的2012、2013、2014年，该地区的GDP、人均GDP、绿色GDP、人均绿色GDP增速则逐年放缓。其绿色GDP增速、人均绿色GDP增速与GDP增速、人均GDP增速也呈现出相对稳定的一致性。

神农架林区简称神农架，位于湖北省西部边陲，东与襄阳接壤，西与重庆市巫山县毗邻，南依兴山、巴东而濒三峡，北倚十堰且近武当山，地理位置得天独厚。神农架位于中国地势第二阶梯的东部边缘，由大巴山脉东延的余脉组成中高山地貌，区内山体高大，由西南向东北逐渐降低。神农架平均海拔 1700 米。山峰多在 1500 米以上，其中海拔 3000 米以上的山峰有 6 座，海拔 2500 米以上山峰 20 多座，最高峰神农顶海拔 3106.2 米，成为华中第一峰，神农架因此有“华中屋脊”之称。全区总面积 3253 平方公里，辖 6 镇 2 乡和 1 个国家级森林及野生动物类型自然保护区、1 个国有森工企业林业管理局、1 个国家湿地公园（保护区管理局、林业管理局和湿地公园均为正处级单位），林地占 85% 以上。神农架是 1970 年经国务院批准建制，直属湖北省管辖，是中国唯一以“林区”命名的行政区。截至 2014 年底，全区常住人口 76700 人，城镇化率为 47.35%。2016 年 7 月 17 日，在土耳其伊斯坦布尔举行的第 40 届世界遗产大会，把神农架列入世界遗产名录。

独特的地理位置和优越的自然环境使神农架成为我国乃至世界重要的森林保护区，是湖北省境内长江和汉江的天然分水岭。过去，神农架林区的经济结构主要以农业为主。目前，随着生态旅游的不断推进，神农架林区第三产业得到了飞速发展，在当地经济结构中的比重越来越大，已逐渐成长为神农架林区的支柱产业。生态资源是神农架林区最为宝贵的财富，逐步推进生态移民，建立生态补偿机制，建立自然保护区，加大生态保护的力度成为神农架林区的必然举措。神农架林区的主要发展目标是：优化保护与发展方式，建设“一园四区”（国家公园、国家可持续发展实验区、国家现代林业示范区、全省统筹城乡发展先行区和鄂西生态文化旅游圈核心区），生态保护能力、经济发展水平、人民生活品质和科学发展能力显著提升，保护和建设好全国重要生态功能区和国际知名、国内一流的旅游发展区。为此，神农架林区确立了生态立区、旅游立位的发展道路。始终把生态保护和建设放在各项工作的首要地位，正确处理好生态保护、开发和利用的关系，处理好全局利益与局部利益、长远利益与短期利益、经济利益与环境利益的关系，切实做到在维护和提高生态承受能力的前提下，实现环境与经济的良性和可持续发展。抢抓鄂西生态文化旅游圈建设的机遇，把有限的资源集中在以旅游为龙头的生态经济发展上，做大做强旅游产业，最终形成以生态旅游业为主导、以生态农业和林业为基础、以生态工业为支柱、以其他产业为辅助的经济结构。优化生态保护，建设国家公园、鄂西生态文化旅游核心区、国家现代林业示范区、国家可持续发展试验区、全省统筹城乡发展先行区。

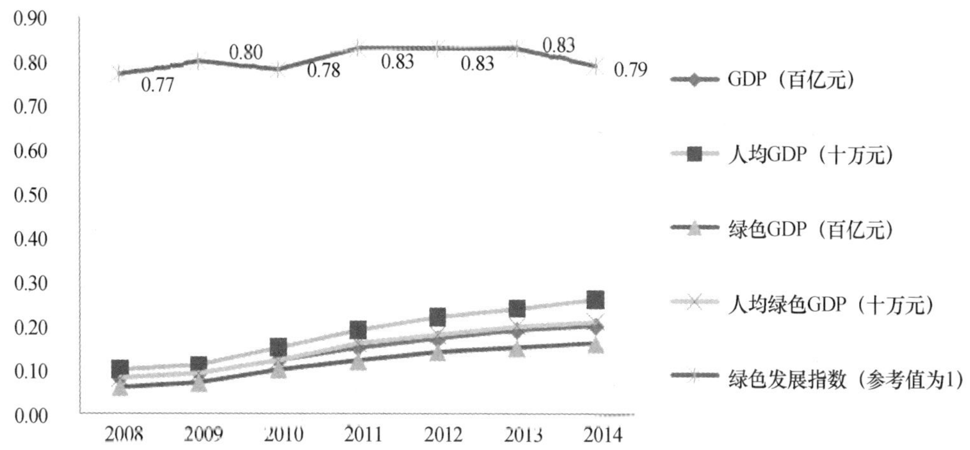

图 3—23　2008 至 2014 年湖北省神农架林区绿色发展综合绩效年度变化曲线图

表 3—22　2008 至 2014 年湖北省神农架林区绿色发展综合绩效年度变化数据表

年度	GDP（百亿元）	人均 GDP（十万元）	绿色 GDP（百亿元）	人均绿色 GDP（十万元）	数值（参考值为 1）
2008	0. 08	0. 10	0. 06	0. 08	0. 77
2009	0. 09	0. 11	0. 07	0. 09	0. 80
2010	0. 12	0. 15	0. 10	0. 12	0. 78
2011	0. 15	0. 19	0. 12	0. 16	0. 83
2012	0. 17	0. 22	0. 14	0. 18	0. 83
2013	0. 19	0. 24	0. 15	0. 20	0. 83
2014	0. 20	0. 26	0. 16	0. 21	0. 79

从神农架地区 2008 至 2014 年的绿色发展综合绩效年度变化曲线图及其数据可以看出，神农架地区在 2008 至 2014 年间的绿色发展指数一直处于相对低位运行，并出现了一定幅度的波动。其中，绿色发展指数最高值为 2011、2012、2013 年的 0. 83，最低值为 2008 年的 0. 77。从整体上来看，神农架地区在 2008 至 2014 年间，其 GDP、人均 GDP、绿色 GDP、人均绿色 GDP 处于相对稳定的增长。2010 年是其 GDP、人均 GDP、绿色 GDP、人均绿色 GDP 的增速高峰年，其 GDP 增速为 33. 33%，人均 GDP 增速为 36. 36%，绿色 GDP 增速为 42. 86%，人均绿色 GDP 增速为 33. 33%。在随后的 2012、2013、2014 年，该地区的 GDP、人均 GDP、绿色 GDP、人均绿色 GDP 增速则逐年放缓。值得注意的是，自 2012 年后，该地区

的绿色 GDP 增速、人均绿色 GDP 增速与 GDP 增速、人均 GDP 增速呈现出相对稳定的一致性，并在 2014 年达到了最低点，其 GDP 增速为 5.26%、人均 GDP 增速为 8.33%、绿色 GDP 增速仅为 6.67%、人均绿色 GDP 增速仅为 5.00%。

四　结论与建议

1. 湖北省绿色发展绩效的基本结论

2013年4月25日，习近平总书记在中央政治局常委会会议上指出："如果仍是粗放发展，即使实现了国内生产总值翻一番的目标，那污染又会是一种什么情况？届时资源环境恐怕完全承载不了。经济上去了，老百姓的幸福感大打折扣，甚至强烈的不满情绪上来了，那是什么形势？所以，我们不能把加强生态文明建设、加强生态环境保护、提倡绿色低碳生活方式等仅仅作为经济问题。这里面有很大的政治。"湖北省委省政府在坚定不移深入贯彻落实党的十八大和十八届三中、四中、五中全会精神以来，用党中央和习近平总书记治国理政新理念、新思想、新战略，针对湖北的发展实际，提出了"市场决定取舍、绿色决定生死、民生决定目的"的三维纲要，取得了可喜的成绩。从课题组的研究来看，湖北省的绿色发展绩效总体上呈现以下值得重点关注的三个主要特征：

第一，湖北省各地区绿色发展空间和水平差异明显。武汉地区在湖北的“一家独大”地位岿然不动。相对发达的工业以及多样化的经济增长引擎使其能源消耗率较低，无论是GDP、人均GDP、绿色GDP、人均绿色GDP和绿色发展指数，都表明这个省会城市对湖北省整体经济社会发展的强大影响力，紧随其后的就是宜昌、襄阳。而神农架、恩施等地虽然绿色发展指数相对较高，但其GDP、人均GDP、绿色GDP、人均绿色GDP均十分靠后，这些地方仍面临着从“生存”走向“发展”的深层转型。另外，像鄂州、黄石为代表的地区，GDP、人均GDP、绿色GDP、人均绿色GDP均处于中上游，但其绿色发展指数却处于低位运行，这些地区可能更多的是要从发展的“数量”向“质量”转型。

第二，经济新常态下的湖北省各地区绿色发展成绩喜忧参半。2010年、2011年成为湖北省17个地市州GDP、人均GDP、绿色GDP、人均绿色GDP的增速高峰年。2010年是十堰、鄂州、黄冈、咸宁、潜江、恩施、神农架7个地区的增速高峰年。2011年是武汉、宜昌、黄石、仙桃、随州、天门、荆门、荆州、襄阳、孝感10个地区的增速高峰年。尤其是宜昌地区在2011年的GDP、人均GDP、绿色GDP、人均绿色GDP增速拔得头筹，远远高于其他地区的增速。自此之后，各地区虽然均有不同程度的增速放缓。天门、荆门、神农架、潜江地区在2014年均出现了个位数的增速。这充分表明，党中央对中国经济社会发展进入新常态的判断是十分准确的。湖北省各地区在全国经济进入新常态的大背景下，取得了较好的成绩，但如何在经济转型中，继续保持较高的经济增长仍是大部分地区面临的重大现实问题。

第三，湖北省各地区初现不同的绿色发展规律和发展趋势。从 2008 至 2014 年湖北省各地区的 GDP 增速、人均 GDP 增速与绿色 GDP 增速、人均绿色 GDP 增速的比较来看，武汉、宜昌、十堰、鄂州、黄冈、荆门、神农架、咸宁 9 个地区四个指标的增速具有相对稳定的一致性。这些地区的产业结构具有一定的稳定性，实现大幅度的调整相对困难。随州、恩施、荆州、孝感、仙桃 5 个地区绿色 GDP 增速、人均绿色 GDP 增速开始超越该地区 GDP 增速、人均 GDP 增速。这些地区在经济新常态下实现绿色发展势头较好，值得期待。而黄石、天门、襄阳地区绿色 GDP 增速、人均绿色 GDP 增速均出现明显低于该地区 GDP 增速、人均 GDP 增速的现象，则值得警惕。

2. 关于湖北省绿色发展的主要建议

当前从理念到实践，从顶层设计到地方行为，湖北省在绿色发展方面不仅大有可为，而且可以依据科学的手段，精准决策，从而带领各地区以不同的路径，实现逆势进位，弯道超越，使湖北地区在全国新一轮的绿色发展竞赛中，出现前所未有的好局面。为此，课题组提出加强顶层设计，尽快针对湖北省不同地区的绿色发展制定差异化的多路径策略，实现湖北省各地区绿色发展的精准引导与治理。

第一，大胆变革，引入绿色发展政绩考核机制，压实各级地方政府推进绿色发展的主体责任。一个地区能否实现绿色发展既受该地区资源禀赋、历史文化等多方面的内在因素影响，同时也受到不同外在环境的影响。要从该地区的历史思维、治理惯性中走出一条新路，既需要当地政府积极探索新的治理实践，也需要上级政府积极制定差异化的激励政策，积极引导地方政府解放思想。为此，课题组认为，地方各级统计部门的统计口径要进行一些改变，既要统计 GDP 增长，也要统计消耗了多少资源和能源，包括影响环境的废水废气废物排放；各个产能部门申报自己成果的同时，也要申报资源能源和环境消耗情况；省里分管部门要协同监督，不仅是环保部门的事，发改委在制定发展目标时，也要对生态问题进行考核；干部在任前、任中甚至离任时，都要进行严格的生态审计与评估，把干部政绩与绿色 GDP 绩效评估问题联系起来。对全省各地的绿色发展情况，要进行排名，用数据说话，各级政府必须将环境污染控制在一定范围内，从而将绿色发展的目标、任务层层压实，步步推进。

第二，简政放权，鼓励各地政府积极制定创立、引进绿色企业的不同政策。绿色发展的根本目标是既要“绿色”，又要“发展”。绿色发展既不是二者的简单相加，更不是二者的彼此排斥。因此，在正视各地方发展现实的基础上，省一级立法机构、行政机构需要大胆放权，允许地市州政府在报请上级主管部门审核批准的前提下，积极制定与该地区发展相适应的减免绿色企业税赋、为绿色科技创业者提供低息贷款、人员培训等相关激励政策，推进各地方抓住“大众创业、万众创新”的良好机遇，积极创立、引进与当地发展目标相一致的绿色企业，提供绿色就业岗位，创造新的发展机遇。

第三，全民动员，构建绿色发展的监督、舆论宣传等全社会落实推进机制。绿色发展是利国利民、关乎人民未来幸福生活的长远之计。实现绿色发展需要全社会总动员，而不仅仅是地方政府、各类企业的事情。因此，政府、市场与社会需要构建良性互动机制，各就其位，各司其职。政府要加强绿色发展的舆论宣传，充分发挥专家学者的智库作用，给老百姓把道理讲清楚，澄清“绿色＝发展放缓甚至不发展”等误解。政府也需要积极动员社会环保组织、人民群众的积极力量，在明确事实的前提下，各级地方政府要敢于监管、敢于亮剑、敢于公开信息，积极引导全社会改变生产、生活方式，自觉走上绿色发展之路。

习近平同志在2004年就提出，“生态兴则文明兴，生态衰则文明衰”。经济发展、GDP数字的加大，不是我们追求的全部，我们还要注重社会进步、文明兴盛的指标，特别是人文指标、资源指标、环境指标。我们不仅要为今天的发展努力，更要对明天的发展负责，为今后的发展提供良好的基础和可以永续利用的资源和环境。当前，我们不仅要从政治高度来深刻认识绿色发展的重大意义，更要在实践中坚定不移地坚持绿色发展理念，探索各地绿色发展新路，才能真正实现中华民族的伟大复兴和永续发展。

参考文献

［1］王金南等：《绿色国民经济核算》，中国环境科学出版社2009年版。

［2］过孝明等：《绿色国民经济核算研究文集》，中国环境科学出版社2009年版。

［3］联合国：《环境经济综合核算（2003）》，丁言强等译，中国经济出版社2005年版。

［4］李佐军：《中国绿色转型发展报告》，中共中央党校出版社2012年版。

［5］郭强、王秋艳：《中国绿色发展报告》，中国时代经济出版社2009年版。

［6］胡鞍钢：《中国创新绿色发展》，中国人民大学出版社2012年版。

［7］科学技术部社会发展科技司、中国21世纪议程管理中心：《绿色发展与科技创新》，科学出版社2011年版。

［8］杨懿文等:《GDP 蜕变之路》，新华出版社 2014 年版。

［9］中国国际经济交流中心课题组:《中国实施绿色发展的公共政策研究》，中国经济出版社 2013 年版。

［10］中国环境与发展国际合作委员会:《绿色发展的管理制度创新（2014)》，中国环境出版社 2015 年版。

［11］北京师范大学经济与资源管理研究院、西南财经大学发展研究院:《（2014）人类绿色发展报告》，北京师范大学出版社 2014 年版。

［12］赵凌云等:《中国特色生态文明建设道路》，中国财政经济出版社 2014 年版。

［13］廖明球等:《绿色 GDP 投入产出模型研究》，首都经济贸易大学出版社 2012 年版。

［14］李金早:《告别 GDP 崇拜》，商务印书馆 2011 年版。

［15］朱海玲:《绿色 GDP 应用研究》，湖南人民出版社 2007 年版。

［16］解三明:《绿色 GDP 的内涵和统计方法》，中国计划出版社 2005 年版。

［17］王秋艳主编:《中国绿色发展报告》，中国时代经济出版社 2009 年版。

［18］诸大建主编:《生态文明与绿色发展》，上海人民出版社 2008 年版。

［19］孔德新:《绿色发展与生态文明：绿色视野中的可持续发展》，合肥工业大学出版社 2007 年版。

［20］联合国开发计划署驻华代表处:《绿色发展　必选之路》，

中国财政经济出版社 2002 年版。

［21］王新前：《绿色发展的经济学——生态经济理论、管理与策略》，西南交通大学出版社 1996 年版。

［22］［美］罗伊·莫里森著：《生态民主》，刘仁胜、张甲秀、李艳君译，中国环境出版社 2016 年版。

［23］王德发：《绿色 GDP：环境与经济综合核算体系及其应用》，上海财经大学出版社 2008 年版。

［24］朱海玲：《绿色 GDP 导航》，湖南大学出版社 2010 年版。

［25］王树林、李静江编：《绿色 GDP：国民经济核算体系改革大趋势》，东方出版社 2001 年版。

［26］牛文元主编：《中国绿色设计报告》，科学出版社 2016 年版。

［27］卢中原主编：《面向世界新变化的可持续发展战略》，中国发展出版社 2016 年版。

［28］周国强、张青主编：《环境保护与可持续发展概论》，中国环境出版社 2017 年版。

［29］叶文虎：《可持续发展引论》，高等教育出版社 2001 年版。

［30］刘燕华、周宏春主编：《中国资源环境形势与可持续发展》，经济科学出版社 2001 年版。

［31］黄建欢：《区域异质性、生态效率与绿色发展》，中国社会科学出版社 2016 年版。

［32］李永峰等主编：《可持续发展概论》，哈尔滨工业大学出版社 2013 年版。

[33] 刘培哲等:《可持续发展理论与中国 21 世纪议程》,气象出版社 2001 年版。

[34] 蔺雪春:《绿色治理:全球环境事务与中国可持续发展》,齐鲁出版社 2013 年版。

[35] 张清东、谭江月主编:《环境可持续发展概论》,化学工业出版社 2013 年版。

[36] [美] W. 塞西尔·斯图尔德、莎伦·B. 库斯卡:《可持续性计量法:以实现可持续发展为目标的设计、规则和公共管理》,刘博译,中国建筑工业出版社 2014 年版。

[37] 张旭如:《资源型城市可持续发展教育:以山西省临汾市为例》,中国环境出版社 2013 年版。

[38] 李永峰、乔丽娜、张洪主编:《中国可持续发展概论》,化学工业出版社 2014 年版。

[39]《习近平总书记系列重要讲话读本(2016 年版)》,学习出版社 2016 年版。

[40] 洪大用:《经济增长、环境保护与生态现代化——以环境社会学为视角》,《中国社会科学》2012 年第 9 期。

[41] [美] 保罗·A. 萨缪尔森、威廉·D. 诺德豪斯:《经济学》,人民邮电出版社 2008 年版。

[42] 王树林、李静江主编:《绿色 GDP:国民经济核算体系改革大趋势》,东方出版社 2001 年版。

[43] 王克强、赵凯等主编:《资源与环境经济学》,复旦大学出版社 2015 年版。

[44] [美] 罗伯特·弗兰克、本·伯南克:《宏观经济学原

理》，清华大学出版社 2010 年版。

［45］徐春：《可持续发展与生态文明》，北京出版社 2001 年版。

［46］A "Green" GDP［J］. *Economic and Political Weekly*, 2009, Vol. 44, No. 49.

［47］Chialin Chen. Design for the Environment: A Quality – Based Model for Green Product Development［J］. *Management Science*, 2001, Vol. 47, No. 2.

［48］Shiyi Chen and Jane Golley. *Will Chinese Industry Ever Be "Green"?*. ANU Press, 2013.

［49］Jim Ife. Social Policy and the Green Movement［J］. *The Australian Quarterly*, 1991, Vol. 63, No. 3.

［50］Michael Jacobs. Green Blues in Europe［J］. *Economic and Political Weekly*, 1989, Vol. 24, No. 28.

［51］Matthew E. Kahn. The Green Economy［J］. *Foreign Policy*, 2009, No. 172.

［52］Jeremy Rowan-Robinson, Andrea Ross, William Walton. Sustainable Development and the Development Control Process［J］. *The Town Planning Review*, 1995, Vol. 66, No. 3.

［53］Kamal Hossain. The Effectiveness of International Law in "Greening" the Economy: Challenges for the Developed and Developing World［J］. *The Effectiveness of International Law*, 2014.

［54］Alberto Ansuategi, Juan Delgado, Ibon Galarraga. *Green Energy and Efficiency: An Economic Perspective*. Springer International Publishing, 2015.

附录　生态文明与绿色发展的理性之思

生态悖论与生态治理的价值取向[①]

党的十八大首次将生态文明建设写进党代会报告，列为当代中国社会五大建设之一，要求全党全社会树立一种尊重自然、爱护自然、保护自然、顺应自然的理念，这是我党在生态意识上的革命性进步，意味着生态问题的时代性自觉。但是这种观念能不能真正树立起来并转化为相关政策，成为全体民众的共识，尤其是转化为各界的自觉行动，则还有很多工作要做。其中最重要的思想前提就是要超越在生态问题上的认识误区，推动诸多的观念变革和行为选择，探索在生态治理问题上回归与超越双重价值的内在统一。

---

① 本文作者为欧阳康教授，原文首发于《天津社会科学》2014 年第 6 期。

（一）生态文明建设的当代境遇

生态文明建设作为当代中国五大建设的重要内容已经家喻户晓，但综观生态治理和生态文明建设的现实情况，却很不乐观。在现实生活中，生态文明建设方面的事情，可以说存在“四多四少”。

第一，说得多，做得少。近年来，生态文明建设引起大家的广泛关注，尤其是成为各级领导的一个最容易得分的表态性话题。在公众场合不仅没有人会反对讲生态文明，甚至是大家在各种场合都会强调生态问题。表面看来，加强生态建设已成为社会各界的共同话题，好像是在口头上最无争议的最大公约数。但各级领导和各类企业到底在这方面做了多少实事，投入了多少人力、财力和物力，则很难说得清。不知不觉地把生态文明建设变成了一个比较虚空的话题，谁都可以说，但谁都不会认真去做；或者是说得很多，做得很少；尤其是真正有能力和权力去做点事而又真正想去做的人更少。

第二，希望别人做得多，自己实际做得少。总体上看，保护环境是一个需要巨大投入而又较少产出，需要付出极大努力而又较少收益，直接责任明显而效果间接，一家投入而大家受益的事。因此在生态和环境问题上，大家的普遍态度是，谁都希望有一个好的生态，希望自己能够享受一个好的环境，都希望别人不要去污染环境，但当要自己为环境问题做贡献和付出代价时，则犹豫彷徨，止步不前。生态利益的复杂性使得不同单位和个体对生态环境保护多呈现不同的态度，且有不同的行为选择。

第三，不知不觉中干坏事的多，自觉坚持不做坏事的少。中国当前严峻的自然生态和环境问题，是长期历史发展的产物，是全社会普遍不重视资源节约和环境保护的结果。这里既有认识失误而导致的宏观政策性失误，也有企业明知故犯而带来的严重后果。从宏观上看，我国在相当长的时期鼓励开荒种田，把山坡改为梯田，破坏了原生植被，造成巨大的水土流失，以及生态环境和土地资源的极大破坏。从微观来看，也有不少地区和企事业单位在狭隘利益激励下干出的种种坏事。受到狭隘的眼前利益驱动，企业在资源节约和环境保护方面积极主动、自觉参与的很少，大多数处于严重的被动状态，不被查不报告，不被管不投入，不被罚不改错；对于那些环境有害型产业，口头上谁都喊打，但由于利益相关，真打则很难。不少企业对自己可能造成的环境和生态恶果，心知肚明，但却装聋作哑，掩耳盗铃，甚至为了某些特殊利益而刻意掩盖。一些监管部门则为了一己私利视而不见，置若罔闻。除了传统的生态和环境污染问题，还有一些新型的现代污染，如光污染、噪声污染、电磁污染等正在不断蔓延。很多人不知不觉中在这方面做了坏事，而自觉坚持不做坏事的则很少。

第四，投入多，实效少。近年来从中央到地方都颇重视生态环境保护，投入巨资和力量加以整治，但由于缺少严格的制度性约束和有效的惩治措施，收到实效很少。生态治理的宣传力度没有实际的利益诉求大，生态治理的范围赶不上生态破坏的范围扩展，生态治理的速度赶不上环境污染和生态损毁的速度，生态治理的效果赶不上二次、三次污染和破坏，尤其重大生态和环境突发事件不断发生，严重威胁着人民群众的生命安全和社会稳定。

（二）生态文明建设的前提性反思

何以出现上述诸多问题？从根本上说，在于环境与生态问题的复杂性，生态文明建设本身甚至在很大程度上就是一个悖论性的问题，需要我们从思想理论的高度来加以认识。

1. 概念辨析：生态与文明能否结合？

生态就其本来含义讲就是自然状态，尤其是天然状态。自然生存状态，是地球生物圈中自然地生成和延续下来的。而“文明”则是要超越自然。人类文明的发生就是人和社会作为一种文明形态从自然中间超拔出来的过程，是对社会人的塑造过程。现在要把这两个相互背反的东西连在一起，其内涵需要深度研究。迄今国内外对生态文明的内涵有很多不同的看法，比如生态文明建设是不是要回到天然的自然？人化的自然以什么为目标？这些都需要专门研究。如何推动文明进步而又不失去生态自然，自然生态与人类文明应如何内在地结合起来？

2. 自然观角度：人在何种意义上既依赖于又超越于自然？

从自然观的角度来看，人与自然到底是什么关系？过去我们一直讲人是万物之灵，通过长期的发展进化产生了人，但是现在看来人并没有脱离自然界而存在。人仍然深度地依赖于自然，我们要呼吸，要阳光，要雨露。在这种意义上，人到底在多大程度上应当和可以超越自然？人与自然的原初关系与发展方向如何？科学技术是人类为征服自然创造的重要成果与表征，从生态文明建设的角度应当如何评估它给人类发展带来的多方面影响？特别是在当今的经济社会环境下，科学技术在什么意义上带来的是社会正效应。这个问题非常复杂，需进一步从人与自然关系的高度加以深入探讨。

3. 价值观角度：人类中心还是自然中心？

在价值观层面，我们看到，多年来在生态问题上存在着两种主义的抗争。一种是人类中心主义，一种是反人类中心主义或者叫作自然主义。这两种主义各执一端，争论不休，但其核心问题是，人的活动尤其最终价值取向应该以自然为中心还是以人为中心。人类保护自然环境到底是为了让自然界存在和发展得更好，还是为了人类自身存在和发展得更好？我们不太能够想象人创造美好的环境仅仅是为了让各种自然存在物，如植物、动物等生长得更好，更不能想象人类会为了动植物的存在而从根本上损害人类自身的生存和发展。如果仅仅是为了保护一些濒临灭绝的或者稀有的动物和植物，那当然是应该的和可以接受的，极而言之，如果要保护所有的动物和植物，那人类就几乎无法生存了。我们要努力保护和创造的环境是更适合非人的自然物存在还是更适合人的存在和发展？也许，人类永远不可能不从人类自身的生存和发展出发来思考和处理问题。因此，到底是人类中心主义与自然主义之争，还是狭隘的极端的人类中心主义与合理的适中的人类中心主义之争？抑或人在地球生物圈甚至宇宙中处于什么样的地位？仍值得深入探讨。

4. 发展观角度：投入与产出、速度与质量的两难是值得辨析的课题。

从发展观的角度来看，对生态的保护和生态文明建设面临一个直接而又现实的矛盾，即投入与产出、质量与速度的关系。生态保护往往需要较大的投入而获得较少的产出，由此可能影响到扩大再生产的规模和速度。为此有人把生态文明建设看作一种奢侈品，认为其投资与 GDP 的增长和经济发展速度不一定成正比，甚至在一定程度上事倍功半。尤其对于后发国家和地区而言，最直接的问题是速度慢、规模小，因此追求速度和效率是问题的关键。当前国内不少后发地区提出了建设资源节约型和环境友好型的“两型社会”发展目标，但在实践中效果并不明显，甚至缺少实际有效的措施，就是因为无法摆脱这样的矛盾与问题。科学发展观要求全面协调可持续方面，但从各个局部来看往往很难落实。资源破坏和环境污染的效应往往是全局性和长远性的，而局部和眼前的经济物质利益则是直接的和现实的。在世界范围内后发国家正在走发达国家已经走过的先污染后治理的老路，而在中国，后发的中西部地区也正在走着东南沿海的老路。实现“两型社会”目标有没有超越之路？仍需要我们进行探索。

5. 消费观角度：何为现代化？何为幸福？

从消费观来看，生态文明是一种传统文明还是现代文明？现代化的生产要求与之相适应的现代性消费，这种消费的本质是以人的舒适和幸福为目的。那么，在现代化进程中，到底是以回到田园风光、自然村落为美，还是以高楼大厦、大都市为美？现代化是让我们的生活远离自然界，还是回归自然界？现代化的发展要求鼓励消费还是限制消费？从人的角度来看，到底什么是幸福呢？是过现代化的生活幸福，还是自然生存状态的生活更幸福？简朴生活幸福，还是奢华生活幸福？现在我们提出扩大内需，由投资拉动增长转变为消费促进增长，这与我们所强调的自然生态和低碳生活很明显并非一致，甚至相互间会有冲突，无疑这也需要进行新的探讨。

6. 人性观角度：利益与道义何者优先？

从人性观审视生态文明，需要反省对于人性的假设，即人们能否禁得住价值和利益的诱惑。传统的“经济人”假设认为人是自私的和唯利是图的。在市场经济条件下，企业把利益最大化作为自己的价值追求这似乎无可厚非，相应地，在利益的刺激与诱惑面前道义的力量显得格外脆弱。这里引出的问题是，人们追求自己利益的最大化在什么意义上是必要的和合理的？我们通常所说的全局利益和长远利益如何与局部利益、眼前利益内在协调？尤其是在干部任期制的条件下，当生态文明的价值更多的是与全局和长远利益相关，而局部利益和眼前利益则直接影响干部们的升迁去留时，如何让他们自觉地超越眼前利益去关注全局，关注长远？这些问题亟待人们关注和探讨。

（三）回归与超越生态治理的双重价值取向

1. 把握生态与文明的内在统一。

“生态”的本来含义是指生命的自然状态，从严格意义上说是自然界的天然状态，甚至是原初的自然生存状态。它是地球生物圈中依据自然环境条件自然而然地发生、繁衍和发展起来的，不同的自然物种在生物链中按照自然规律生存和发展，其中起主导性作用的规律是优胜劣汰、物竞天择。达尔文进化论的意义正在于揭示了其中的运行规律。而“文明”是专属于人和人类社会的，其本来含义是要超越自然状态，进入人为和人化的更高境界。人类文明的发生过程，就是人和社会作为一种特殊的存在方式和文明形态从自然界超拔出来的过程，是对社会人的塑造过程。人在机体结构与精神功能上不断进化，人的衣食住行越来越成为文化的创造，它们构成了人类文明的丰富内容。人类文明就其存在形态和发展趋势而言是与自然界越来越远，其中起主导作用的是利益原则和价值规律。在这个意义上，把生态与文明结合起来，给我们提出的问题是，何为生态文明，它是一种自然文明，还是一种社会文明？通过生态文明建设，究竟是要一种天然的文明还是人化的文明？很明显，生态文明的首要特征是对于生态价值的重视与呼唤，要求我们在发展人类文明的同时高度重视生态的价值和意义。在笔者看来，生态文明概念的提出，意味着对人与自然关系的一种全新理解，这里需要一种全新的观念和方法，在新的思想和时代高度上探析生态与文明的时代性统一。

2. 反思现代化进程中生态与文明的关系。

生态与文明的关系在人类社会发展的不同时期具有不同的关系状态和模式。在农耕社会，人类的生存与发展在很大程度上依赖于自然界的生产与再生产，自然生态在很大程度上仍然是人类文明的基础，自然规律支配着社会运行的规律，自然界和自然规律对于人类的基础性地位没有受到根本性的破坏。

近代以来，随着人类现代化进程的快速推进，借助于现代科学和技术手段，尤其是依靠大工业的强大力量，人类展示出近乎无限的征服自然和改造自然的能力，自然界前所未有地被人化和社会化了。自然规律对于人的约束变得不那么重要甚至显得微不足道，人们运用技术的力量创造出更加适合自己生存发展的大环境（如水库）、小环境（如空调）、新物资（如化肥、农药）、新物种（如转基因食品)、新能源(如核能)等等,改变着自然界的存在状态,创造了巨大的物质财富,取得了巨大的成就,但却破坏了自然界和生物链的平衡态,造成了对于自然资源、生态环境的极大破坏,摧毁着人类文明的自然基础。于是自然成为人类和社会文明的附庸,生态与文明不再相容,甚至严重对立,最终的危险是人类失去了自己赖以生存和发展的基础。为此,反思生态文明,就是要反思现代化的理论与实践,尤其是现代化所秉持的人与自然的观念。

3. 我国生态文明建设的回归与超越。

改革开放以来,我们通过学习和运用现代科学技术,发展市场经济,极大地推动了中国的经济发展,创造出了巨量的物质财富,2010 年在经济总量上成为世界第二大经济体。但总体上看,我们取得的一些进步是靠过量的资源和能源消耗获得的,有人统计中国 GDP 的增长是大大超出世界平均资源和能源消耗换来的,这对于一个人均资源和能源相对匮乏的大国而言,无疑是一个严峻的挑战,阻碍着中国社会的可持续发展。与此同时,由于缺乏对自然的应有尊重和保护,我们在不长的时间里使自然生态链和自然环境遭受了极大的破坏,危及中华民族自身生存的自然基础。正是在上述背景下,中国共产党把生态文明建设作为一项国家战略提出来,号召全社会积极开展生态治理。

生态治理,直接看来是在治理自然环境,其实是在调适人的观念,制定科学的政策,管控人的行为,为此我们必须树立正确的价值导向,必须将党和政府的生态意识和生态自觉转化为公众共识、有效政策和自觉行动,转化为生态治理的政策体系和行动方案。从宏观上看,当代中国的生态治理必须在回归和超越双重价值取向上努力，以促进中华文明的健康有序和可持续发展。

所谓回归，就是要回到人与自然和谐相处的基本理念。要看到自然界是人永远无法摆脱的自然物质基础，自然规律仍然从根本上制约着人的生存、活动和发展规律，自然资源仍然是人类不可或缺而又极为有限的珍稀资源；人仍然是自然界的一部分，仍然要依赖于自然界而生存和发展。因此，尊重自然就是珍惜人类生存发展的基础，顺应自然就是遵循自然生存发展的规律，保护自然就是保护人类发展的可能性空间。回归到人与自然的和谐相处是人类和中华民族必须遵循的根本原则。

所谓超越，就是要积极探索新型现代化发展道路，创造新型中华现代文明。新型现代化不是以伤害和破坏自然界为前提，而是在尊重、顺应和保护自然的前提下展开，把生态文明建设放在突出地位，融入经济建设、政治建设、文化建设、社会建设各方面和全过程，努力探索绿色发展、循环发展、低碳发展之路，形成节约资源和保护环境的空间格局、产业结构、生产方式、生活方式，走新型工业化、农业现代化和新型城镇化之路，努力建设资源节约型和环境友好型社会。

正是在回归与超越的有机统一中，我们才能既最大限度地保护生态环境和自然资源，又能促进中国特色社会主义现代化迅速发展，促进经济社会和文明进步，努力建设美丽中国，实现中华民族永续发展。